哈佛学生最喜欢的

猜谜游戏

《学生悦读文库》编写组　编著

江西教育出版社
JIANGXI EDUCATION PUBLISHING HOUSE

图书在版编目（ＣＩＰ）数据

哈佛学生最喜欢的猜谜游戏 / 《学生悦读文库》编写组编著. -- 南昌：
江西教育出版社，2013.11
　（学生悦读文库）
　ISBN 978-7-5392-7192-7

　Ⅰ．①哈… Ⅱ．①学… Ⅲ．①智力游戏－青年读物②智力游戏－少年读物
Ⅳ．①G898.2

中国版本图书馆CIP数据核字(2013)第260698号

哈佛学生最喜欢的猜谜游戏
HAFO XUESHENG ZUI XIHUAN DE CAIMI YOUXI

《学生悦读文库》编写组　编　著

江西教育出版社出版
（南昌市抚河北路291号　邮编：330008）
各地新华书店经销
北京彩虹伟业印刷有限公司印刷
710mm×1000mm　　　16开本　　　12.5印张　　　字数150千字
2014年1月第1版　　2019年8月第2次印刷
ISBN 978-7-5392-7192-7
定价：36.00元

赣教版图书如有印制质量问题，请向我社调换　电话：0791-86705984
投稿邮箱：JXJYCBS@163.com　　　　　电话：0791-86705643
网址：http://www.jxeph.com

赣版权登字-02-2013-333

目录

第一章　哈佛学生喜欢的逻辑猜谜

第二章　哈佛学生喜欢的趣味猜谜

第三章 哈佛学生喜欢的新奇猜谜

目
录

第四章　哈佛学生喜欢的机智猜谜

第一章

哈佛学生喜欢的逻辑猜谜

老鹰属于谁

　　两个年轻的猎人因为一只猎物吵了起来。一个猎人扯着老鹰的一只翅膀说是他先看到在天上盘旋的老鹰并打下来的。另一个猎人扯着老鹰的另外一只翅膀说是他先看到老鹰，于是开枪打下了它。两个人互不相让，都想找个人评评理。恰好，这个时候走过来一位老猎人。于是，两人让老猎人评判。老猎人听了他俩的诉说，又查看了一下老鹰身上的枪伤：的确有两处，一处在老鹰的肚子上，一处在老鹰的背上。老猎人立马就知道了他们两人谁撒了谎。

★思索提问★

你知道老鹰究竟是谁打下来的吗？

··●揭开谜底 ●··

　　如果老鹰是在天上飞着的，那么子弹不可能打到它的背上。所以其中一个猎人在撒谎，他肯定是见到掉在地上的老鹰后补上了一枪。老鹰应该是另一个猎人打下的。

狼的尾巴

动物园里饲养着一只狼。早晨，这只狼先是站起来，接着向东走了5步，后来又向南走了3步。

★ 思索提问 ★

此时，狼的尾巴朝哪个方向？

··● 揭开谜底 ●··

朝着地下。

飞机的黑匣子

黑匣子是飞机专用的电子记录设备之一，全称叫"航空飞行记录器"，里面装有飞行数据记录器和舱声录音器，飞机各机械部位和电子仪器仪表都装有传感器与之相连。它能把飞机停止工作或失事坠毁前半小时的有关技术参数和驾驶舱内的声音记录下来，需要时把所记录的参数重新放出来，供飞行试验、事故分析之用。黑匣子具有极强的抗火、耐压、耐冲击振动、耐海水（或煤油）浸泡、抗磁干扰等能力，即便飞机已完全损坏，黑匣子里的记录数据也能完好保存。几乎世界上所有的空难原因，都是通过黑匣子找出来的。

★思索提问★

那么黑匣子是什么颜色的呢？

··●揭开谜底●··

为了方便寻找，一般都把黑匣子涂上醒目的橘红色，所以，千万不要以为黑匣子就是黑色的。

鸡和蛋

究竟是先有鸡还是先有蛋？想必这个问题，你也一定遇到过，而且肯定也是犹豫不决。但是，如果换一种问法，或许你就有答案了。

★思索提问★

先有鸡还是先有蛋？先有蛋还是先有鸡？

··●揭开谜底●··

当然是先有鸡后有鸡蛋。因为鸡是由鸟类进化而来的，而鸟类又是由爬行动物进化而来的，爬行动物是下蛋的，所以是先有鸡，后有蛋。

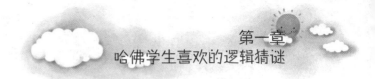

每个月的29天

2012年是闰年。

★思索提问★

哪一个月有29天?

··●揭开谜底●··

2012年的每个月都有29天。

杰瑞指什么

大力士们个个都力量很大,他们可以举起超过自身重量好几倍的重物。在一年一度的大力士比赛中,皮特获得了冠军。获得第二名的杰瑞很不服气,他对皮特说:"虽然你获得了冠军,但有一样东西,我可以轻而易举地举起来,你却永远不能。"

★思索提问★

你知道杰瑞指的什么吗?

•●揭开谜底●•

杰瑞指的是皮特本身,因为杰瑞可以将皮特举起,皮特却无法将自己举起。

怎么过的河

有两个人同时来到河边,都想过河。河边只有一条小船,而且一次仅能载一个人。河上没有桥,两人都不会游泳。结果他们都很轻松地过了河。

★思索提问★

他们怎么过的?

•●揭开谜底●•

他们分别在河的两岸,自然很容易过了。

哪个不同

放学回来，雷奥看到桌子上有黄瓜、葡萄、豌豆和玉米。他拣了一颗葡萄扔进嘴里，被妈妈发现了。妈妈说："等一下。我得考考你。这四样东西中，有一样是与其他三样不一样的。如果你说对了，可以继续吃。如果说不对，先去写作业。"

★思索提问★

你知道是哪个吗？

·•●揭开谜底●•·

是玉米，因为其他几种食物都是长在藤蔓类植物上的。

哪个巡警说得对

深夜，刚上岗不久的卢卡和迪姆正开着一辆巡逻警车执行巡逻任务。突然，他们把车停在路边，并走下车来。他们看到一个头戴安全盔的人倒在路上，人已死去。在其尸体前方约3米处，有辆摩托车横在那里，旁边就是一根路灯杆。摩托车发动机没有熄火，后轮仍然在空转。

卢卡说："一定是开快车撞上了路灯杆，摩托车还没熄火呢！"

但迪姆对现场的情况有所怀疑。他认真地查看和分析现场情况后说："不对！这不像是一般的撞车事故。我认为是有人谋杀了这个摩托车司机，故意伪装成撞车事故。"

★思索提问★

两个巡警谁说得对？

·●揭开谜底●·

迪姆说得对。如果只是骑车撞上路灯杆，那么由于惯性，骑车人应该躺在摩托车的前方才对，所以很可能是有人伪造事故现场。

10
生熟鸡蛋

保罗手里有两只鸡蛋，一只生鸡蛋，一只熟鸡蛋。他让妹妹猜哪只是生的，哪只是熟的，但是不能把鸡蛋打破。妹妹仔细查看两只鸡蛋，外表差不多，轻重也差不多，实在分不出来。突然，她想到了一个办法。她用同样的力量让两个鸡蛋在桌子上旋转。一个转动的时间长，一个转动的时间短。

★思索提问★

哪只是生鸡蛋，哪只是熟鸡蛋？

·•●揭开谜底●•·

因为生鸡蛋里的蛋黄和蛋清在转动时是晃动的，所以生鸡蛋转动的时间会短一些。

寄错贺卡

贝利有四个非常好的网友，而且他的这几个网友都是同一天生日。眼看他们的生日就要到了，贝利决定给他们每人写一张生日贺卡寄给他们。等他写好了贺卡和信封，刚要装起来封口，突然停电了。于是，贝利摸黑把贺卡装进了信封里。爸爸提醒他说："千万别装错了。"贝利说："没关系。"第二天早上，他抽出一张贺卡看，果然放错了。

★思索提问★

贝利至少放错了几张贺卡呢？

·•●揭开谜底●•·

至少两张。和贝利早上看的那张贺卡相对的贺卡肯定也是错的。另外两张贺卡有可能装错，也有可能装对。

12

不翼而飞的钱

　　学校组织统一旅游，需要每个同学缴纳20美元的费用。五（2）班的班主任凯斯老师把全班的旅游费600美元收齐后准备交给学校财务处。可是财务处没人。凯斯老师只好将钱锁到办公室的抽屉里，等到下午财务处有人时再交上去。凯斯老师的办公桌有三层抽屉。他把钱锁在最下一层抽屉里就走了。下午，凯斯老师打开抽屉时，却发现里面的钱不见了。于是，他报告了学校的保卫科。保卫科的罗特干事查看了凯斯老师的抽屉，并没有发现被撬的痕迹，而抽屉的钥匙也一直在凯斯老师身上。罗特干事猜想：是不是有人趁办公室里无人将钱拿走的呢？可他是怎么拿的呢？罗特干事又仔细查看了凯斯老师的抽屉，终于明白了。

★思索提问★

钱是如何被拿的？

··●揭开谜底●··

　　凯斯老师虽然将放钱的抽屉锁了，但是，上面的两个抽屉并没有锁。抽走第二层抽屉，很容易地就可以将最底层抽屉里的钱拿走。

满满的鱼缸

大卫家新买了鱼缸和金鱼。大卫主动承担起喂养和换水的任务。这一日，大卫给金鱼换水的时候不注意，把鱼缸装了满满一缸水。此时，哪怕再往鱼缸里放一个小石块，水也会溢出来。

★思索提问★

如果再放一条金鱼到鱼缸里，水会溢出来吗？

••●揭开谜底●••

当然会溢出来。

单摆的奥妙

有一个单摆，绳子的一头固定住，另一头拴着一个小铁球。你把小铁球拉到一定高度，然后松手，让小铁球自由摆动。当小铁球再次摆到最高点的一刹那，绳子突然断了。

★ 思索提问 ★

此时，铁球是如何落下的？

·●揭开谜底●··

当小铁球摆动到最高点的刹那间，球既不向上摆，也不向下摆动，而是垂直下落。

谁盗了名马

一个农场里的一匹名种马驹被盗了。警方接到农场主的报案，调查后判断，住在近郊的一个叫肖恩的人嫌疑最大。于是，两名警察去肖恩家询问情况。

肖恩说："你们怎么会怀疑我是那偷马贼呢？那天晚上，我家的一头骡子要生产，我整夜都在照顾它。可惜由于早产的缘故，到了第二天早上，母子都死了。"

"难道你家还有公骡子吗？"警察问。

"当然有了。我是用我家的公骡子和母骡子交配，希望能产下骡驹，可结果连我的那头母骡子都死了。我真是倒霉啊。"

警察一听，笑道："你别再装了，你的这个谎是骗不了我们的，还是老实交代吧。"

★ 思索提问 ★

肖恩哪里说谎了？

••● 揭开谜底 ●••

骡子是马和驴交配产下的后代，虽然也有公母之分，但都没有生育能力，如果想得到小骡子，只能再次通过马和驴的交配获得。肖恩不懂得这个常识，撒了谎。

谁是小偷

迈克从可卡小镇坐火车去悉尼出差。他买了一张卧铺票。当他找到自己的位子时，卧铺间的另外三位乘客已经到了。列车在中途停了15分钟。他们四个人都离开了自己的铺位。在列车开动前一分钟，迈克才又回到铺位。这时，他却发现自己放在卧铺上的手提包不见了。他问其他三个人，他们都说没看见。于是，他报了警。乘警让他们都出示一下车票。除了迈克是到悉尼的，其他三个人分别是到比亚镇、图马港和托梅镇的。乘警问他们刚才停车的时候都干什么了。去图马港的乘客说停车时他下车买了瓶可乐，去比亚镇的乘客说他去上了趟厕所，去托梅镇的乘客说他到7号车厢找他的朋友了。

★思索提问★

他们谁在撒谎？

••●揭开谜底 ●••

当列车停靠在车站时，为了保持站内卫生，厕所一律锁门，禁止乘客使用，所以去比亚镇的乘客在撒谎。

一幅画

在一次全国少年儿童画展中，一幅画引起了很多人的争议。画中有一艘轮船，从船后长长的水纹可以看出，这艘船正在海里全速前进。但是，轮船的烟囱里冒出的烟却是笔直向上的。有的小朋友说烟应该向后飘才对。有的小朋友说烟应该向前飘，因为海上一定有风。

★思索提问★

你觉得画中的烟画得对吗？

••●揭开谜底 ●••

如果当时船是顺风而行，而且船的航速和风速相等，那么烟就是笔直上升的。

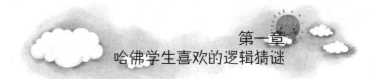

不打自招

　　西蒙将军的一块祖传金表丢失了。他吩咐管家去当地一家报纸刊登一则寻物启事。第三天，这则启事就在报纸上登了出来。其中写道："本人因不慎，丢失了一块金表。现愿意出5万美金悬赏。有知情者请速联系。"为了安全，上面留的是管家的姓名和电话。西蒙将军看了，颇为满意。只是不知道会不会有人来。

　　下午，西蒙将军正在休息，管家报告说有人来送表了。将军立马起来，并吩咐管家让客人坐客厅等候。将军来到客厅，看到一个中年男子，他的手中有一块表。走近一看，正是将军的祖传金表。将军深表感激，同时询问男子叫什么名字，在哪儿捡到表的。男子说："我叫法特。其实这只表不是我捡到的，而是我从一个小孩子的手里用100美金买来的。后来看到今天早上的报纸。我想您一定很着急，于是就给您送来了。"

　　但不管怎样，既然表找到了，将军是要兑现承诺的，于是去准备现金。他问管家："那位先生什么时候给你打的电话？""没有，将军，他直接按的门铃。"管家说。"哦？我明白了。你去把他抓起来交给警察吧。"西蒙将军说道。

★ 思索提问 ★

什么行为让男子露出马脚了呢？

●● 揭开谜底 ●●●

寻物启事里没有将军的家庭住址，那个男子却不打电话就找到了将军家，显然男子对将军的家很熟悉，他分明是在撒谎。

圣诞节音乐会

圣诞节的时候，妈妈带着米娅去华盛顿剧院欣赏了一场非常精彩的新年音乐会。演出过程中，所有的演员都面朝观众，只有一个人背对着观众。

★ 思索提问 ★

那个人是谁？

●● 揭开谜底 ●●●

乐队指挥。

钓鱼险情

几个朋友聚在一起吃饭，聊得非常开心。突然，一位朋友兴奋地说："昨天，我正坐在一个池塘边钓鱼。不一会儿，我在水中看见一个可怕的倒影，他正举着一把刀悄悄向我靠近。我急中生智，迅速将鱼钩向后甩去，恰好打中他的脸。他惨叫一声，逃走了。我看了一眼他的背影，原来是一个对我心怀嫉妒的同事。"

★思索提问★

此人说的话可信吗？

·●揭开谜底●·

不可信。因为池塘的水是水平的，钓鱼的人只能看到前方物体的倒影，根本看不到他身后物体的倒影。所以，他在吹牛。

21
醉汉和修女

有个男人在外面喝醉了酒，摇摇晃晃地往家走。路过一座教堂时，竟然跌倒在地，昏睡过去。这时正好被一个年轻的修女看见了，修女二话没说，背起醉汉把他送回了家。这件事被一些人看到，很快就传遍开了。很多人都说那个修女不正经。居民们鼓动镇长去教堂，请牧师开除那个修女，否则就把教堂封了。牧师一听，笑道："你们错怪那个小修女了。醉汉妻弟修女舅，修女舅姐醉汉妻啊。"镇长听了，顿时也笑起来："原来如此啊。我回去一定把他俩的关系告诉大家。"

★ 思索提问 ★

那醉汉和修女是什么关系呢？

•●揭开谜底 ●•·

他们是父女关系。

角的度数

在一张纸上，画着一个40度的角。皮特用一个可以放大5倍的放大镜来看。

★ 思索提问 ★

透过放大镜，皮特看到的角会有多少度呢？

•●揭开谜底 ●•·

还是40度，因为放大镜是不能把角放大的。

儿子的数量

希伯来共有五个孩子。有一天，他的一个朋友问他："你有几个儿子呢？"希伯来笑着说道："我的五个孩子中，有一半是男孩。"

★思索提问★

希伯来到底有几个儿子呢？

●●揭开谜底●●●

五个孩子都是男孩。

切蚯蚓

生物课上，老师告诉同学们："蚯蚓是雌雄同体的动物。如果你把切成两段，它不但不会死，反而会变成两条蚯蚓。"同学们听了，都非常好奇。

放学后，卡拉一回到家，就去花园里挖了一条蚯蚓。他把蚯蚓切成两半后装到一个玻璃瓶里，还放了一些土。可是，第二天放学回来，卡拉发现瓶里的蚯蚓居然死了。

★思索提问★

这是怎么回事呢？

●●揭开谜底●●●

卡拉是竖着把蚯蚓切成两半的，蚯蚓自然活不成了。

25
聪明的站长

一列火车在一个小站停下了。有不少旅客提着大包小包从火车上走下来。这时，发生了这样一幕：一个人拎着一个小旅行包刚走下车，后面有一个人追了上来，拉住这个人说："先生，这是我的包。"那个人看了看说："对不起，是我拿错了。"说完，他把包还给那个追上来的人，就向出站口走去。小站站长将这一切看得清清楚楚。等那个人走到出站口的时候，站长抓住了他。

★思索提问★

为什么？

··●揭开谜底●··

站长判断那个人是个小偷。因为如果真像那人所说，是拿错包了，那么他应该很着急地回去找自己的包才对。

26
水和鱼

有一架天平，两边的托盘上各放一只水杯。杯中都有水，只是一只水杯里有一条游动的小金鱼，另一只里没有。此时天平正好是平衡的。现在，凯斯将杯中的小金鱼捞出来放在同一边的托盘上。

★ 思索提问 ★

此时的天平还平衡吗？

●● 揭开谜底 ●●

当然还平衡了。

虎患无穷

从前有个安定祥和的村庄，村民过得都很幸福。但是，一天一只不知从哪儿来的大老虎搅得这个村子不得安宁。许多人家养的牲畜被老虎吃掉了，而且还有好几个村民失踪了。人们都说，一定是被老虎吃掉了。一时间人心惶惶，恐怖笼罩了整个村落。

村长召集所有村民，商讨对付老虎的计策。大家议论纷纷，可都没有什么好方法。突然，一个青年站起来说："我有个好办法。我们不知道老虎在哪儿，它总是神出鬼没的。虽然我们抓不住它，但要是在它的脖子上挂个大铃铛，它再来的时候，我们就能听到了。一听到铃声，我们就赶快躲起来。"大家一听到这个主意，觉得很不错，很多人都赞同。

★ 思索提问 ★

这个计划最后实施了吗？

••● 揭开谜底 ●••

当然没法实施。因为有谁敢去给老虎的脖子上系上铃铛呢。

小狗赛跑

夏洛特和贝弗利各养了一条小狗。有一天，夏洛特和贝弗利让他们的狗赛跑，看谁的狗跑得更快。结果，夏洛特的狗最先跑到终点。

★ 思索提问 ★

哪条狗流的汗更多呢?

••● 揭开谜底 ●••

两条狗都没流汗。因为狗的皮肤汗腺不发达，所以即使是在大热天或运动之后，也不会出汗。它们经常通过伸出舌头来散发体内的热量。

田径比赛

贝克是上一届学校运动会的短跑冠军，从那以后，他便有了

"小博尔特"的美誉。

在今年的校运动会上，贝克报了好几个项目，就是想得到更多冠军。在一项田径比赛的决赛场，贝克又一次站在起跑线上。同学们都为他欢呼，贝克也信心百倍。发令枪一响，选手们像箭一样向前冲去。贝克不负众望，一路领先。然而，第一个冲过终点线的却不是贝克。

★思索提问★

你知道是怎么回事吗？

·•● 揭开谜底 ●•·

因为贝克跑的是接力比赛，而且他跑的是第一棒。虽然他一路领先，但他还是要把棒交给下一个队员，自然就看不到他冲过终点线的身影了。

30
河边对话

在一条大河的南岸，住着两户人家。其中，汤姆会游泳，以打鱼为生；杰瑞不会游泳，他有条船，靠帮人渡河为生。

这一天，杰瑞的船载上两个人，正要渡河，却见汤姆从水中爬上岸来。汤姆说："杰瑞，送人过河啊？"

"是啊。你又游泳啊。"杰瑞答道。

"是啊。我今天游得真爽啊。一口气，我都横渡7次了。"

"汤姆，你怎么又吹牛啊。"杰瑞笑道。

★ **思索提问** ★

为什么杰瑞说汤姆吹牛呢？

···● **揭开谜底** ●···

如果汤姆真的横渡了7次，他应该在河对岸才对。

31

养鸭的农夫

一天晚上，某大型超市被盗。警察接到报案后，火速赶往现场。经过现场勘查、询问目击证人、观看监控录像等一系列程序后，他们把怀疑的焦点集中到附近一个农夫身上。警察找到农夫，问道："昨天晚上发生的事，你知道吗？"

农夫答道："你是说超市被盗吗？今天早上我看新闻时知道的。但是，我一直在家，没有出去，不能为你们提供更多的线索。"

"你在家干什么？"警察追问。

"我养了几百只鸭子。现在有十几只正在孵蛋，昨晚我一直守在它们身边呢。"

★ 思索提问 ★

农夫的话可信吗？

··●揭开谜底●··

不可信。因为现在的家鸭都不会孵蛋。

32 折报纸

菲利普找来一张爸爸看过的报纸，准备折一个纸飞机。他先是把报纸对折了一下，又对折了一下。如果这张报纸足够大，那么菲利普能对折25次。

★ 思索提问 ★

最后这张报纸大概有多厚呢？

A.像一本书那么厚；

B.有一人那样高；

C.像一栋房子一样高；

D.像山一样高。

··●揭开谜底●··

D。这就是几何级数的魅力。你不要不相信，不妨试试。

神奇的液体

汤姆森是个小小发明家。一天，他对小伙伴们说："告诉你们，我昨天发明了一种液体。无论什么物体，这种液体都可以将它迅速溶解，真是太棒了！我明天就去申请专利。我想我很快就要发财了。"小伙伴们听了，既惊讶又羡慕。

★思索提问★

汤姆森的话可信吗？

··●揭开谜底●··

当然不可信。如果真是那样的话，他用什么东西装那种液体呢。

游泳池的深度

奥玛中学有一个游泳池。蓄满水时，它的平均水深是1.5米。读九年级的贝利身高1.6米。他不会游泳，但很想学游泳。

★思索提问★

贝利有可能被淹死吗？

··●揭开谜底●··

有可能。一般泳池都有浅水区和深水区。1.5米是水的平均深度，但并不表明深水区的深度，实际上，深水区的深度已经超过贝利的身高。所以，贝利有可能被淹死。

蓄水缸

在北部，因为雨水少，有些农场会挖一个水窖蓄水。迈克家的院子里就有一口大缸，用来蓄水。可是，很久没下雨，那口缸早就干了。这一天，乌云密布，还伴有巨大的雷声。不一会儿，天空就下起人雨来。真是一场及时雨啊！只半个小时，迈克家的那口大缸就蓄满水了。

★思索提问★

如果雨的大小和密度不变，但当时有风，那么水缸蓄满水的时间是大于半小时呢还是小于半小时？

··●揭开谜底●··

因为只和缸的大小有关，所以仍然是半个小时。

飞行表演

今日，天空晴朗。在一个国际航空展览会上，一个飞行表演队的精彩表演吸引了无数眼球。他们驾驶着相同型号的飞机，在天空做着各式各样惊心动魄的动作。

这时，有两架飞机做低空平行飞过表演。一个飞机在上，一个飞机在下，下面的飞机距地面只有30米。

★思索提问★

此时，这两架飞机的影子哪个更大？

··●揭开谜底●··

由于太阳和地球相距遥远，从太阳发射出来的光，到达地球表面时形成的是平行光，所以，地球上的物体无论位于何处，它的影子其实是一样大的。因而，两架飞机的影子大小一样。

瓮中捉鳖

这是一个寒冷的冬天。小偷怀特听说一座别墅的主人带着一家人去南方的海滨度假去了，要下个月才能回来。于是，他找到表弟

商量去碰碰运气。

这天格外地冷。傍晚后，户外几乎没有行人了。怀特和表弟一起，悄悄地来到那座别墅旁。他们撬开窗户，爬进屋内。怀特打开一只小手电筒，开始寻找他们想要的东西。窗户上的窗帘都是拉着的，所以，他们比较放心。他们找到了一些首饰。同时发现一个储物柜中有许多好吃的，正好也饿了，两人就吃起来。怀特的表弟一高兴，点着了壁炉里的柴火。不一会儿，屋子里暖和起来，两个人尽情地享受美食。他们俩以为不会被人察觉，干脆打开了电视，将音量调低，还打开两瓶酒，享受起来。

就在他们还沉浸在欢愉中时，门铃突然响了。两人吓得目瞪口呆，不知所措。门外站着的是两个巡逻警察，正好给他们来个瓮中捉鳖。

★思索提问★

他们怎么知道别墅里进贼了呢？

··●揭开谜底●··

巡逻警察看到烟囱向外冒火和烟，但是看不到屋内的灯光，这引起了他们的怀疑。

38
谁是手表的主人

夏日的一天，警员杰克在街上巡逻时，忽然听到争吵声，于是上前察看。他看到两名男子正在为一只手表争吵，其中一名男子身体强壮，另一名比较瘦弱。

杰克先将他们分开，然后问他们究竟是怎么回事。瘦弱的男子说："我下班回家，正走在路上，他突然跑过来，要抢我的手表。"身体强壮的男子立刻反驳说："你不要相信他的话。这是一只名贵的手表，他不可能买得起。"杰克仔细观察两个人，瘦弱男子确实穿着很普通，而强壮的男子穿着却比较时尚。他又看了看手表，并观察了他们两人的手腕。最后，杰克把手表交给了瘦弱的男子，把强壮男子铐了起来。

★思索提问★

杰克如何知道表的真正主人？

··●揭开谜底●··

两人的手腕粗细明显不同，他发现手表的表链明显比强壮男子的手腕细，而且瘦弱男子的手腕上有手表的印记。

悬崖命案

一个晴朗的冬日，警方接到报案：有游人在一个旅游区的悬崖下发现了一具男性尸体。派出所的刘警官立即带上几名精干警员赶赴现场。尸体趴在悬崖下的碎石上，身上穿着一件大衣，血迹斑斑。死者脚上只穿了一只鞋子。悬崖有三十几米高，在悬崖上面，警员发现了死者的另一只鞋子。死者的亲人闻讯赶来，他们围着尸体一边哭泣，一边说："就算是生意失败了也不用走这条绝路啊！"警员们仔细勘察了地形，侦查了现场，最后的结论是，这是一宗自杀案件。就在尸体被翻过来准备抬上车时，贝克警官盯着尸体，看到尸体眼睛上的一副墨镜，紧皱着眉头，突然大叫一声："慢着，不要动他，这是一起谋杀案！尸体是被人搬运过来放在这里的，是要伪装成自杀的假象！"众人听了大吃一惊。

★思索提问★

为什么贝克警官这样说？

··●揭开谜底●··

戴在尸体上的墨镜让贝克警官产生了怀疑。从几十米高的悬崖上摔下来，墨镜不可能还好好地戴在眼睛上，而且还完好无损。

测谎仪的结果

测谎器虽然能帮助公安人员破获案件，但它也不是百分之百准确。测谎仪有时也可能被蒙骗。如果测试者真的不知道自己在说谎，而实际上他说了假话，那么测谎器测出的结果就是错误的。

★思索提问★

下面哪句说法是最准确的？

A.测谎器经常是不准确的；

B.测谎器在设计上是没有价值的；

C.有些撒谎者可以轻易地蒙骗测谎器；

D.测谎器有时也需要使用者的主观判断。

·•●揭开谜底●•·

C。

老大爷住几层

玛丽的家在一栋18层楼的第16层。星期天，她写完作业，推着她的小自行车准备乘电梯下楼去找小朋友玩。她按了电梯的按钮。

此时，电梯在一楼。这栋楼里共有两部电梯，但是有一个电梯昨天坏了，现在还没修好不能用。电梯到达16楼后，门开了，从电梯里走出来一个人。玛丽推着车要进电梯。电梯里还有一个人，是一个老大爷。他看见玛丽推车进来，客气地说了声："你上来吧。"同时给玛丽让了让。

★思索提问★

老大爷的家在几楼?

··●揭开谜底●··

电梯除了一楼只有向上的按钮和顶楼只有向下的按钮，其他各层都有向上和向下两种按钮。玛丽要下楼，她按的是向下的按钮。如果此时无人在电梯内按16楼，那么电梯会优先将电梯里的人送到更高楼层后，再从高层下来的时候停下。从电梯里下来一人，说明是那人在电梯里按的16楼。玛丽要下楼，还待在电梯里的老大爷之所以会说让玛丽上去，是因为他不知道电梯下来时还会停下，只有住在顶楼和一楼的人才会不清楚这种情况，所以老大爷住在18楼。

原来的咖啡

一天，鲍勃先生去一家咖啡馆喝咖啡。他点了一杯咖啡。不一会儿，服务员将一杯热腾腾的咖啡端到他面前。鲍勃打开糖袋，将糖倒入咖啡并用勺子搅匀。他刚喝了一口，居然看到咖啡里漂着一只黑苍蝇。鲍勃赶紧将还没咽下去的咖啡吐了出来，并叫来了服务员。

鲍勃先生生气地说："这就是你们的待客之道吗？咖啡里居然还有苍蝇！让你们的经理过来解释一下。"鲍勃先生的话立刻引来其他顾客的眼光。服务员为了不影响店的形象，同时也害怕被经理知道炒他鱿鱼，于是向鲍勃先生赔礼道歉，表示马上给他换一杯新咖啡。鲍勃先生的气稍稍有点消了。服务员很快重新给鲍勃端了一杯咖啡过来。鲍勃先生喝了一口，又生气且更大声地说道："看来你真是无可救药了！你根本就没有给我换新的咖啡。这杯分明就是刚才的那杯。你只是把里面的苍蝇挑出来了而已！"

★思索提问★

鲍勃先生是怎么知道的呢？

··●揭开谜底●··

刚做出来的咖啡一般是不加糖的，而由顾客自己根据自己的喜好选择加糖的多少。鲍勃先生喝了一口服务员换来的咖啡，是甜的，所以他判断出那个服务员根本就没有给他换。

偷瓜贼

　　有个无赖着急赶路，不一会儿便满身大汗，而且感到非常渴。可是，一路上看不见一处有水的地方。情急之下，他看到路旁的一块西瓜地里有很多西瓜。他看看四下无人，便去地里摘了两个西瓜上来。他抱起两个西瓜刚想去一个小树林里吃，突然听到身后有人喊："偷瓜的，把瓜给我放下！不然我打死你！"他回过头，看到两个人正向他跑来，其中一人手里还拿着木棍。无赖看到这两个来势汹汹的农场工人，而且手里还拿着家伙，心里也很害怕。如果逃跑，可实在太渴。他看到不远处有一个女人，脑筋一转，心生一计。此时，农场的工人已经来到他面前。无赖说："你们误会我了。我是看到前面那个女人偷了你家的瓜，所以把她拦下来，并把瓜给你们送回来。"两个农场工人一听，心中的气消了许多。其中一个道："那我们真是冤枉你了。既然如此，我们应该把那个女人送到警察局才对。"另一个农场工人很快跑过去拦住了女人。女人手里还抱着孩子，她听说有人诬陷她偷了西瓜，非常生气，可是又说不过他们，只好一起去了警察局。

　　在警察局里，无赖一口咬定说他看见女人偷了西瓜，是他帮农场工人把西瓜夺下来的。女人明知被人诬陷，可也说不出反驳的理由，只有请警察明断。警察一时也没有好的主张。他看了看那两个大西瓜，再看看女人和她手里的孩子，突然问无赖："你追上她的时候，她是怎么抱着西瓜的呢？"无赖听了，毫不犹豫地说道："她一手抱着孩子，一手抱着西瓜。""大胆！明明是你偷的西瓜，居然还要诬陷别人！"

★思索提问★

警察是根据什么断定的呢？

··●揭开谜底●··

妇女抱孩子，一般都会用两只手；即使用一只手抱，她的另一只手也不可能抱起那么沉的两个大西瓜。

伯爵的遗嘱

一位伯爵在几个世纪之前留下了一份遗嘱，但是这份遗嘱的内容却十分生动，其内容如下：

致我挚爱的家人，他们为此已经等待了很长时间，现将以下东西留给后人：

一个人对什么爱得胜过自己的生命，

而恨得却胜过死亡或者致命的斗争。

这个东西可以满足人的欲望，

是穷人所有的，却是富人所求的。

它是守财奴所想花费的，却是挥霍者所保的。

然而，所有人都要把它带进自己的坟墓。

★思索提问★

你能否从中推断出这位伯爵想要给他的后人留下什么东西呢？

··●揭开谜底●··

这位伯爵留给后人的是"一无所有"。

第二语言

根据语言学习的顺序，把最先学习并使用的语言叫作第一语言，把第一语言之后学习和使用的语言叫作第二语言。

A.出生在中国的德国孩子同时学习汉语和德语；

B.中国学生学习了英语之后又开始学习西班牙语；

C.中国学生出国后同时学习英语和法语；

D.美国留学生来华学习汉语。

★思索提问★

根据定义，请你从以上A、B、C、D的叙述中，判断哪些情况属于第二语言学习？

··●揭开谜底●··

B、C、D。

商品差价

商品差价简称差价，是指同一商品由于流通环节、购销地及质量不同而形成的价格差额。

A.甲地的糖比乙地便宜，因为甲地产糖。

B.市场上白菜早上一块钱一斤，到了下午八毛钱就能买到。

C.海尔电视机和TCL电视机的价格不同。

D.同一款电脑，在北京买比在深圳买贵。

★ 思索提问 ★

根据定义，请你从以上A、B、C、D的叙述中，判断哪些不属于商品差价？

·· ● 揭开谜底 ● ··

C。

壁虎的"特异功能"

生活中有些现象常常令人困惑不解,例如,一种长约10厘米、背呈暗灰色的爬行纲四足小动物壁虎(又叫"天龙"),能在光滑如镜的墙面或天花板上穿梭自如,捕食蚊、蝇、蜘蛛等小虫子而不会掉下来。壁虎如同有了"特异功能"一般。那么,为什么壁虎不会掉下来呢?

甲说:"因为壁虎的脚掌能分泌黏性胶液。"

乙说:"因为壁虎的脚掌产生的静电使它吸在壁上。"

丙说:"因为壁虎的脚掌上长着吸盘。"

丁说:"因为壁虎的脚掌上长着骨针,可以产生摩擦力。"

★思索提问★

你说他们谁的答案正确呢?

••●揭开谜底●••

丁。

48

犯错误的年轻人

有一天，有一位学哲学的年轻人毕业后回到了自己的家乡，父母甚是欢喜。父母把家里的鸡杀了，并给他准备一桌丰盛的饭菜。吃饭的时候，父亲问年轻人：

"你学的什么？"

"哲学。"

"学这个又有什么用呢？"

"学习哲学，看问题与别人就不同。比如，拿咱们这饭桌上的这只鸡来说吧，看起是一只，实际上是两只。除了一只具体的鸡以外，还有一只是抽象的鸡。"

★ 思索提问 ★

这位年轻人的回答问题时犯了什么错误？

··●揭开谜底 ●··

他把具体和抽象二者对立了起来。他不知道抽象的东西就包含在具体的东西里面。

指路

古希腊有个很聪明的人，是个很有名的寓言作家，他的名字叫伊索。有一天，一位行人路过了伊索所住的村子，恰好遇见了伊索，便向他问道："请问，到最近的村子还得走多久？"

伊索说："你就走吧！"

行人说："我知道走，但请你告诉我需要多久？"

伊索说："你就走吧！"

行人想，这个人很有可能是个疯子，于是继续向前赶路。

过了一会儿，伊索大声对他喊道："再过一小时你就到了。"

行人回头大声问："那刚才你为什么不告诉我呢？"

是呀，伊索为什么刚才不告诉他，而要等过了一会儿之后才告诉他呢？

★思索提问★

你知道这是为什么吗？

··●揭开谜底●··

原来，伊索要观察行人走路的快慢，因此，要等行人走了一段路之后，才能告诉他需要多久才能到达最近的村子。

50

共有几桶水？

从前，一个大名鼎鼎的老学者居住的房屋旁边有一个池塘，因此老学者想到了一个很奇怪的问题：这个池塘里共有几桶水？这个问题问得也太古怪了。学者的学生们都是出了名的年轻学者，然而，这个问题就像问一座山有多少斤重一样，谁能答得准确？他们没有一个能答得出来。老学者十分不高兴，便说："你们回去都考虑三天。"

可是，三天过去了，学生中仍没有人能解答这个问题。老学者觉得十分扫兴，干脆写了一张布告，声明谁如果能够回答出这个问题就收谁做学生——免得有人说他的学生都是一帮庸才。

布告刚贴出后不久，一个小男孩满怀信心地走进老学者的授课大殿，说他知道这池塘里有几桶水。学生们一听，觉得好笑，小孩子懂什么。老学者将那问题讲了一遍后，便示意一名学生将小男孩带到池塘边去看一下。小男孩却笑道："不用去看了，这个问题其实不难。"他眨了几下眼睛，凑到老学者耳边说了几句话。

老学者听得连连点头，露出了赞许的笑容。

★ 思索提问 ★

你能说得出池塘里究竟有几桶水吗?

⋯● 揭开谜底 ●⋯

那要看桶的大小了,如果桶是和水池一样大的话,那么这池子里共有1桶水,如果桶是水池的一半大,那么池子里共有2桶水,如果桶是池子的三分之一大,那就是3桶水了,以此类推。

欲盖弥彰的凶手

有一天晚上,小说家海利先生正在家里写小说,却突然被人用棒球的球棒从背后打晕。当时,书桌上的一盏台灯亮着,窗户紧闭。

报案的是住在对面公寓里的华生。警方火速赶到现场以后,要求华生对他所知道的进行详细陈述。"当我向外看时,偶然发现海利先生书房的窗口有一个影子高举着木棍,顿时感觉十分不妙,所以急忙给你们打电话。"华生说道。

但有一个聪明的刑警听了此话之后却说:"你说谎!你就是凶手!别装了!"说罢便将华生逮捕归案。

★ 思索提问 ★

你知道聪明的刑警是如何判断出华生在说谎的吗?

•●揭开谜底 ●•

影子不可能在窗口。华生说"窗口有一个高举木棍的影子"，这就是谎言。因为桌上台灯的位置是在被害人与窗口之间，不可能把站在被害人背后的凶手的影子映在窗子上。

聪明的警长

在一个非常大的森林公园的深处，发现了一辆劳斯莱斯敞篷车，车上有一些少量的树叶，一个穿着一身名牌衣服的中年人死在了车里。接到报案之后，警方火速赶往现场，并立即对现场进行了封锁。

"有没有什么线索？"警长问。

"经法医推断，这个人大约已经死亡两天。我们没有发现他杀的迹象，在死者的手边有一个氰化钾小瓶，所以初步认定为死者是自杀。"

"是否发现其他人的脚印？"

"请你们再仔细搜查一下现场，要排除自杀。因为这个人是他杀后被凶手移到这里的。估计凶手离开这里根本不到一个小时，他绝对会留下马脚的。"大家又仔细搜查了一番，正如警长所讲，的确实发现了不少线索，在警方的追踪之下，当天便将杀人犯抓获。

★ **思索提问** ★

警长为什么认定不是自杀而是他杀，并且罪犯没有走远呢？

··●**揭开谜底**●··

原来，警长是从落叶上分析的。假如车子在森林中已经停放了两天，车内的尸体一定会堆满落叶；假如车上落叶很少或基本没有，证明车子放到森林中的时间根本不长。而凶手只能步行离开，这样的话凶手在大森林里，是很容易留下马脚的，并且也很难走远。

轮胎不见了

一辆小汽车有4只车胎，每只轮胎由4颗大螺丝钉固定在轴上。一天早上，皮特先生发现他小汽车的一只轮胎被小偷偷走了，当然连4颗螺丝钉也被拿走了。唯一能让皮特先生觉得高兴的是，车内还有一只备用轮胎，皮特先生想了一个办法，将小汽车安全地开到了附近的修车厂。

★ **思索提问** ★

皮特先生是怎么将小汽车安全地开到附近的修车厂的呢？

皮特先生从其他3只轮胎上各取下1颗螺丝，安在备用轮胎上，并将轮胎安装好。

杰克与歹徒

当夜幕即将来临的时候，杰克走在回家的路上，谁料途中竟遇到了一名歹徒。杰克立刻跑到不远处的一个圆形大湖旁边，跳上岸边唯一的一条小船，拼命地向对岸划过去。没有想到歹徒并没有善罢甘休，依然对杰克穷追不舍，歹徒骑上一辆自行车沿着湖边向对岸追去。现在知道歹徒骑车的速度是杰克划船速度的2.5倍。

★**思索提问**★

在湖里面的杰克有逃脱的可能性吗？

··●揭开谜底●··

杰克如果聪明的话，可以先把船划到湖心，看准歹徒的位置，再立刻从湖心向歹徒正对的对岸划。这样他只划一个半径长，歹徒要跑半个圆周长，即半径的3~4倍，而歹徒的速度是杰克的2.5倍，杰克能在歹徒到达之前先上岸跑掉。

55 容器中的水

兄弟两人到姨妈家做客。他们看到桌子上有一个立方体的玻璃容器，里面还有水。哥哥说："这里面的水肯定不到一半。"弟弟却说："里面的水一定超过一半了。"

★思索提问★

不借助其他任何工具，怎样知道他们的话谁是正确的呢？

··●揭开谜底 ●··

把这个立方体玻璃容器倾斜一下，使水面刚好到达容器口，如果底部的水面没过容器底，就说明水超过了一半；反之，不到一半。

56 猜猜关系

有甲、乙、丙、丁四个人。其中，甲是乙的哥哥，丙是丁的哥哥，丁是甲的父亲。

★ 思索提问 ★

丙是乙的什么人?

·•● 揭开谜底 ●•·

丙是乙的伯伯。

57

一份数学作业

汤姆老师和杰瑞老师相对坐在办公室看同一份数学作业，他们为了其中的一道题争论不休，汤姆老师说："这个等式是正确的。""不，这完全是错误的。"杰瑞老师说。

★ 思索提问 ★

汤姆老师和杰瑞老师到底看的是一个什么式子呢?

·•● 揭开谜底 ●•·

这个等式是 $9 \times 9 = 81$，但从不同的方向看就会看出不同的答案，杰瑞老师的就是 $18 = 6 \times 6$。

一模一样的试卷

有一次，某个班级进行了一场数学考试，这场考试是在绝对不允许考生作弊的情况下进行的，结果居然出现了两份完全一模一样的答卷。

★思索提问★

如果这不是一种偶然现象，那么你认为这种现象会在什么样的情况下发生呢？

·•● 揭开谜底 ●•·

在这两位考生都交了白卷的情况下发生。

布满镜子的房间

有这样的一间房子，房子四周布满了镜子，所有的墙面、地面甚至门，没有一处不是镜子。

★思索提问★

如果你走进去，关紧门，你将会看到什么现象呢？

·●揭开谜底 ●·

你也许会想你能看到无数个自己，其实，无论任何东西你都看不见。因为没有光线能射进房间里面，到处一团漆黑，即使你有火眼金睛也不行。

两全其美

有一段时间，外公察觉家里面有老鼠，似乎老鼠已经闹翻了天。于是，外公就买了一个捕鼠笼子，准备用它来捉老鼠。第二天一大早，外公发现笼子里关着一只活老鼠，而笼子外面却有两只四脚朝天的死老鼠。外公对此感到非常疑惑。

★思索提问★

你知道这是为什么吗？

·●揭开谜底 ●·

笼子外的两只老鼠是因为看到同伴竟然笨得被抓住而活活笑死的。

第二章

哈佛学生喜欢的趣味猜谜

动物园的长鼻子

动物园里，大象的鼻子是最长的。

★思索提问★

哪个动物的鼻子是第二长呢？

··●揭开谜底●··

小象。

谁是车的主人

如果有一辆车，司机是王子，公主是乘客。

★思索提问★

这辆车是谁的？

··●揭开谜底●··

是如果的。因为说了"如果有一辆车"，如果是一个人名。

为什么鹅没死

小托尼把一只活鸭和一只活鹅同时放到了冰箱里。不久，鸭死了，鹅却没事。

★ 思索提问 ★

什么原因？

·•● 揭开谜底 ●•·

因为那是一只企鹅。

全世界通用字

★ 思索提问 ★

什么字全世界都通用？

·•● 揭开谜底 ●•·

阿拉伯数字。

哪只爬得快

沙滩上有一只1公斤重的青螃蟹和一只0.5公斤重的红螃蟹。

★思索提问★

它们谁会爬得更快呢?

··●揭开谜底 ●··

当然是青螃蟹,因为那只红螃蟹是死的。

锤鸡蛋

小华用一把小铁锤去锤一个生鸡蛋,结果锤不破。

★思索提问★

为什么?

··●揭开谜底 ●··

鸡蛋破了,铁锤当然是不会破的。

奇怪的医院

市里新开了一家医院。医院里的设备非常先进,他们的服务也非常周到。但奇怪的是,竟然没有一位病人去那里看病。

★思索提问★

为什么?

··●揭开谜底●··

那是一家动物医院。

哪个比较痛

★思索提问★

如果用椰子和黄瓜打你的头,哪一个会更疼呢?

··●揭开谜底●··

当然是你的头更疼了。

熊会挨饿吗

　　动物园里新来了两只熊，引得很多游人观看。据说：公熊每天要吃15公斤肉，母熊每天要吃10公斤肉，幼熊每天要吃5公斤肉。但是负责喂养这两只熊的管理员阿姨，每天却只给它们买10公斤肉。

★ 思索提问 ★

是不是有熊要挨饿呢？

●● 揭开谜底 ●●

不会。那是两只幼熊。

选择死法

　　古时候，有个大臣犯了法，被国王判处死刑。这个大臣苦苦哀求，希望能得到国王的宽恕。国王念在他曾经也为国家做过贡献的分儿上，对他说："你犯的是死罪，如果不把你处死，我又如何说服广大民众呢。但是，我允许你选择一种死法。"

"陛下，此话当真吗？"

"当然。"

大臣突然跪倒在地说道："感谢陛下不杀之恩！我选择……"

国王一听，只好叹了口气。

★思索提问★

这个大臣选的是什么死法呢？

·•●揭开谜底●•·

他选择的是"老死"。

哪个轮胎没转

一辆吉普车从利特的身边疾驰而过。随后，吉普车在前面路口拐了个180度的弯。

★思索提问★

拐弯时，那辆吉普车的哪只轮胎没有转？

·•●揭开谜底●•·

车后的备用轮胎。

12 买东西

　　星期天，贝利叔叔去买东西。他来到一家商铺。商铺里的柜台全是空的，但最后，贝利叔叔还是买到了他满意的东西。

★思索提问★

贝利叔叔究竟买的是什么商品呢？

·•●揭开谜底●•·

他买的就是柜台。

13 最大的愿望

　　罗特在小区的小花园里和几个小伙伴玩。爸爸、妈妈找到他，对他说："我们要出去办点事，回来的时间可能比较晚。如果饿了，你自己弄点吃的。"说完，妈妈丢给罗特一把钥匙。

　　等罗特玩够了，自己也饿了，于是跑回家想找点吃的。到了家门口，他却发现钥匙丢了。爸爸、妈妈还没有回来。

★ 思索提问 ★

此时，罗特最大的愿望是什么？

•·● 揭开谜底 ●·•

爸爸、妈妈忘锁门了。

真牙假牙

五岁的小迪第一次去姨父家。他看到姨父的一颗牙齿非常好看，还闪闪发光，于是对姨父说："姨父，你的牙齿真好看。"姨父听了，笑道："那是颗假牙。"小迪惊讶道："啊！真的假的？"姨父说："我还骗你嘛，当然是真的喽。"这下可把小迪弄糊涂了。

★ 思索提问 ★

姨父的那颗牙齿到底是真的还是假的呢？

•·● 揭开谜底 ●·•

假牙。姨父的意思是真的是假牙。

哈佛学生最喜欢的
猜谜游戏

汤姆放屁

有一天汤姆回家，可是回家的人太多，一时找不到空车。汤姆急得像热锅上的蚂蚁。最后，总算拦住了一辆客车。客车里的人也是满满当当。等汤姆坐定，已经满头大汗。

车继续向前开去。突然，汤姆实在憋不住，放了一个闷屁。顿时，车厢里恶臭无比。乘客们纷纷捂起鼻子，有的竟然骂起来。汤姆也捂住鼻子，什么也不好意思说。车上的女售票员忍不住了，她问了一句，汤姆居然承认了。

★ 思索提问 ★

售票员怎么问的？

●● 揭开谜底 ●●

售票员问："放屁的人买票了吗？"汤姆一激动，回答道："买了。"

锦囊妙计

迈克近来运气不佳。偶尔一天，他在集市上碰到一个"江湖高人"。迈克就请"高人"给他一个锦囊妙计。"高人"答应了。迈克赶紧去买了一个布袋。回到"高人"身边时,"高人"将一个纸条放到布袋里并把布袋口缝上,对迈克说:"这包平时不可打开。当你有高兴事的时候,才可打开。切记!"说完,"高人"扬长而去。

从此,迈克觉得过得比以前开心多了。这天,居然有人来给他说亲。等他见到了那个女子,他更欢喜了。那女子和她的父母对迈克也非常满意,随即就定下了婚事。回家的路上,迈克更是高兴得不行了。他觉得今天是他最高兴的一天。晚上,他睡不着觉。突然想起了那个锦囊妙计。他翻出来,拆开一看,不由得说了一句:"真是太灵了!"

★ 思索提问 ★

锦囊里到底是什么妙计呢?

··● 揭开谜底 ●··

里面的纸条上只写了一句话:今日有高兴事。

17

热气球旅行

一个科学家、一个探险家、一个经济学家、一个商人,四个人乘坐一个热气球做环球旅行。在飞到大西洋的上空时,遇到了风暴。虽然他们最终躲避了风暴，但是，热气球的燃气装置坏了。由于没有新的热气，热气球开始向下坠落。于是，他们开始把一些不必要的东西往下扔。然而，热气球还是在下降。如果真的落到海里，他们就会都被淹死。最后，他们决定：为了保证热气球平安降落到陆地上，必须得有一个人做出牺牲。

★思索提问★

他们最后把谁扔到海里了呢？

••●揭开谜底●••

最重的那个人。

名律师

有位律师，经常帮人打婚姻官司。而且，每次这位律师总是站在妻子一边，帮她们向丈夫们争取尽可能多的利益。几年后，这位律师便成了一位知名的律师。很多要离婚的女人都慕名而来。

然而，这位律师自己的婚姻也出现了问题。最后，不得不诉至法院，请求离婚。这次，这位律师依然站在妻子一边，向丈夫争取到了最多的利益。而这位律师也没有因此遭受任何损失。

★思索提问★

这究竟是怎么一回事呢？

··●揭开谜底●··

这位律师本身就是女性,她当然会站在自己的立场向丈夫争取最多的合法利益,自己当然没有损失了。

看仓库

从前,有一个农场主,每年都要收很多房租。这一年,又是大丰收,仓库都堆得满满的了。农场主害怕仓库被盗,就雇用了一个临时工给他看仓库。

第二天一早,农场主就问临时工昨晚仓库里有没有发生异常情况。临时工说:"没有发生任何异常现象。而且我还做了一个梦,梦见您的儿子当上了议员。您肯定要发大财了。"农场主听了非常高兴,并赏了他一些钱。可是下午,地主就把这个临时工辞掉了。

★思索提问★

这是为什么?

··●揭开谜底●··

看仓库,晚上最重要,是不能睡觉的。临时工说他做了一个梦,说明他昨天晚上睡觉了。这样,农场主当然不放心了。开始时,因为农场主听了好话只顾高兴了,过一会儿想过味儿来,自然把他辞了。

奇怪的谈话

甲乙两个人在聊天。甲说："去年博物馆的国宝盗窃案，到现在也没有侦破，那帮警察真是群窝囊废，好像他们到现在还没有找到一点有用的线索。"乙说："可不是嘛，他们就是一群摆设，那个盗窃犯却得坐10年牢了。"

★思索提问★

既然警察没抓住盗窃犯，还没有宣判，为什么乙知道他坐10年牢？

••●揭开谜底●••

甲乙都是罪犯，他们是在牢里聊天。甲因为其他罪行要坐10年牢，而乙知道国宝盗窃案就是甲干的。

分巧克力

爸爸从国外带回来一盒巧克力，交给苏姗分给弟弟、妹妹和她自己三个人。打开漂亮的盒子，里面共有6小块，每人正好2块。可是苏姗分好后，盒子里还有2块巧克力。

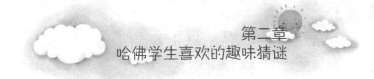

★ 思索提问 ★

这是怎么回事呢?

··●揭开谜底●··

苏姗给弟弟、妹妹每人2块,剩下的2块是她自己的,她把盒子也一并要了。

22

盒子的边

★ 思索提问 ★

一个盒子共有几个边?

··●揭开谜底●··

没有说是一个什么样的盒子,所以无法确定边的数量,唯一能确定的是它一定有里边和外边。

23

捡钱

星期天,爸爸带劳拉去公园玩。他们玩了碰碰车,正准备去坐摩天轮,劳拉突然看到地上有一张100美元和一张10美元的纸币。她弯下腰去捡钱。

★ 思索提问 ★

劳拉会捡哪一张呢？

•••● 揭开谜底 ●•••

她当然会两张都捡了，然后交给公园的管理处。

四个儿子

贝克的父母有四个儿子。大儿子叫A，二儿子叫B，三儿子叫C。

★ 思索提问 ★

四儿子叫什么？

•••● 揭开谜底 ●•••

当然叫贝克了。

散步的三人

公园里，有三个人在一起散步。有人问他们是什么关系。第三个人说："第二个人是第一个人的孩子。"但第一个人很快反驳说："我不是第二个人的妈妈，他也不是我儿子。"他们说的都是真话。

★ 思索提问 ★

他们是什么关系?

●●揭开谜底●●

第一个人是第二个人的爸爸,第二个人是第一个人的女儿。

妙方

一个小镇上,有个小青年摆了一个小摊子,旁边还有一个广告,上面写着:祖传妙方,用此法者,持家必发,喝酒不醉,生虱断根。很快,就有很多人来围观。妙方用厚纸包裹,郑重其事地摆着,标价每包100美元。有人将信将疑地买回一包,把纸一层层打开,结果发现里面根本没有什么药,只有一张纸上写着六个大字。买者大呼上当,准备去找那个卖药的,但又一想,好像妙方确实说得有理。

★ 思索提问 ★

你知道上面写的哪六个字吗?

●●揭开谜底●●

勤俭、早散、勤捉。

不湿的戒指

一个朋友来皮特家做客。皮特非常高兴，并要给朋友泡杯茶。但是，他却把戒指掉到了茶杯里。皮特一惊，迅速从杯中取出了戒指。然而，戒指竟然没有湿。

★思索提问★

这是怎么回事？

··●揭开谜底●··

因为当时皮特还没有往杯中加水，只是放了点茶叶而已。

农夫过河

有一个农夫，住在河的南岸。他有一个农场在河的北岸。每天，他都要过河去他的农场。河水很深，附近没有桥，农夫又不会游泳，所以他每天要驾一条小船过河。

这一天，农夫居然迅速地跑过河去，而且身上一点也没有湿。

★思索提问★

为什么？

··●揭开谜底●··

河上结了很厚的冰，农夫从冰上过河，身上自然不会湿了。

何去何从

有两个相邻的国家，边境有一条大河，河上有一座大桥。大桥两头分别有两国的士兵驻守。两国共同发布一个公告：过桥的人须向驻守的士兵说明去向，说实话者才允许过桥，说谎者将被送入监狱。

一天，一个人要过桥，他对守桥的士兵说："我过桥去监狱服刑。"

★思索提问★

士兵应该怎么办呢？

··●揭开谜底●··

无论他说的是真话还是假话，士兵都应该把他送去监狱。

30 来不及

苏菲和莉莉，两家相距不到10米。有时候，她俩打开窗户就可以直接对话聊天。有一天，苏菲站在窗户边叫莉莉，说："我爸爸送了我一盒巧克力，特别好吃。我给你留了几个，你来我家吃吧。"莉莉却说："恐怕不行。我在家等我外婆的电话呢。她说上午10点钟给我打电话，现在已经9点50分了。"

★ **思索提问** ★

莉莉为什么怕来不及呢？

••● **揭开谜底** ●••

她们两家都住在很高的楼层里，虽然相隔很近，可是从这家到那家再回来，要乘四趟电梯。所以，莉莉怕来不及。

31 爱的程度

三（1）班新调来一位数学老师，艾丽老师。她长得非常漂亮。有几个年轻的教师都对她动心了。一天，她收到一封马克老师写给她的情书。艾丽老师看了后，很快给马克老师写了封回信，信中说："既然你喜欢我，那么你究竟喜欢我到什么程度呢？"马克老师收到回信后，高兴不已，但又不知如何表达他对艾丽老师的爱。突然，他想起听说大卫老师也对艾丽老师有好感，于是就在信里写道："我对你的爱比大卫老师对你的爱要高100倍。"艾丽老师接到这封信后，哈哈大笑，给马克老师回信道："看来你根本就不爱我啊。"

★思索提问★

艾丽老师怎么那样说呢？

···●揭开谜底 ●···

因为大卫老师根本不爱艾丽老师，所以无论比大卫老师的爱高多少倍，那都是零。

懒子之死

从前有对夫妻，结婚以后，一直没有生孩子。直到两人快绝望了，却老来得子。夫妻二人无比欢喜，对儿子更是无比宠溺。儿子从小就养成了衣来伸手、饭来张口的坏习惯，懒惰无比。儿子10岁了，还一点不会照顾自己。

有一天，夫妻二人要去办事，而且得一个星期后才能回来。夫妻二人心想：儿子不会自己做饭吃，我们这一去，他肯定要饿死的，怎么办呢？聪明的妻子突然想了一个办法。她做了一张大大的饼，把中间挖了一个洞，然后套在儿子的脖子上，并嘱咐儿子说："我们要出去，7天以后才能回来。为了不让你饿死，我特意做了这么一张大饼。如果你饿了就咬一口，这个饼足够你吃7天。你一定要在家好好地等我们回来，知道吗？"

儿子高兴地答应了。

夫妻二人放心地离家了。当他们回到家，发现儿子还是死了。脖子上的饼也只吃了一半。

★思索提问★

这是怎么回事呢？

·•●揭开谜底●•·

他只吃掉了脖子前边的饼，由于懒得将饼转动一下，还是饿死了。

炒股秘诀

巴菲尔非常喜欢炒股票，他因为炒股票竟然炒成了百万富翁。于是，很多人找到他，向他请教，甚至有一家投资公司找到他，想对他做个专访，了解他的炒股秘诀，并想花重金聘请他为投资顾问。

当巴菲尔说出他的炒股秘诀时，更是让人无比惊讶。

★思索提问★

巴菲尔的秘诀是什么呢？

··●揭开谜底●··

"我之前是一个千万富翁。"

课堂恶作剧

下午的最后一堂课是自习课。淘气的洋洋又搞起了恶作剧。他画了一头猪，悄悄地贴到了同桌纪律委员的背后。坐在纪律委员后面的是一个女同学，而且是全班公认的胖子。她看到纪律委员身后的画后，忍不住大笑起来。纪律委员回过头，让她保持安静。这一下，那个女同学笑得更大声了，同时指着纪律委员的后背说了句话。全班同学听到后，哄堂大笑。

★思索提问★

那个女同学到底说了什么呢？

··●揭开谜底●··

她说："你后面有头猪。"不知情的同学还以为是说她自己呢。

特殊的工作

在一个跨国公司的总部大楼里，有一个人的工作很特殊，他不是总裁，也不是人事部经理，却负责全公司员工及领导上上下下的工作。

★思索提问★

这个人是干什么的？

•●揭开谜底●•

大楼里的电梯乘务员。

敢摸肖恩脑袋的人

有个人叫肖恩，6岁的时候，父母就相继去世了。他没有兄弟姐妹，只能自己一个人艰难地生活。挨饿，遭人欺负，都是难免的。渐渐地，他养成了凶狠的脾气，长大后再也没人敢惹他了。他见谁都是一副凶神恶煞的样子。因此，很少有人愿意亲近他，更不要说摸他的脑袋了。但是，有一个人却敢随意摆弄他的脑袋，而且肖恩却并不生气。

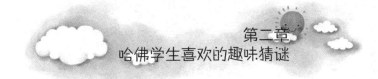

★思索提问★

那是什么人呢？

··●揭开谜底●··

理发师。

 37

自愿回监狱的逃犯

沙漠中有一座监狱。一天，几个罪犯在一起秘密商议越狱的事。半夜里，他们趁狱警不注意，成功地逃脱了。他们拼命地跑，一直跑到天亮。他们向四周望去，周围仍是沙漠。他们不知道何时才能走出这个沙漠。为了彻底躲避狱警的追捕，他们不得不继续向前走。

温度很快就变高了。他们感到又热又渴又饿。不一会儿，他们都累得走不动了。怎么办呢？几个逃犯想了想，最后决定还是按原路返回，赶紧回到监狱去。

★思索提问★

既然他们逃出监狱了，干吗还回去？

··●揭开谜底●··

如果他们不回去，只会死在沙漠中，回到监狱，或许还有生的希望。

捡钱不高兴

罗娜去米娅家玩,回家路上,她捡到20美元。她把钱揣到口袋里,却一点也不高兴。

★思索提问★

为什么?

·•●揭开谜底●•··

罗娜认出来,那20美元是她自己丢掉的,当她把钱揣到口袋时才发现她丢了不止20美元。

逃脱的袋鼠

动物园里新来了一个饲养员,他负责饲养一只袋鼠。可是第二天,袋鼠居然从围栏里跑了出来。动物园里的工作人员费了好大劲才逮着袋鼠,把它关回到围圈里。园长狠狠地批评了那个饲养员。饲养员觉得,一定是围栏太低了。于是他把围栏加高了10厘米。可是，袋鼠又逃出来了。饲养员很郁闷，一生气，把围栏又加高了20厘米，心想这回袋鼠再不可能跳出来了吧。但没想到，袋鼠还是逃脱了。

★思索提问★

这到底是怎么回事呢？

·•●揭开谜底●•·

那个饲养员每次喂完袋鼠后，总是忘了关圈门。袋鼠根本不是跳过围栏出来的，而是从门里出来的。

40 幸运的小伙

有一个富翁，他有一个非常漂亮的女儿。女儿从小到大，都受很多人喜欢。当女儿到了结婚年龄时，追求她的人更是络绎不绝。富翁明白，很多人追求他的女儿完全是因为他有钱。为了给女儿挑一个真心爱她的丈夫，富翁决定举办一次公开的招婿大赛。

消息一公布，便有很多人报名。富翁把比赛现场设在自家的私人花园里。比赛这天，富翁带领所有的报名者参观了一下他的大花园。最后，把他们领到一个水池旁。他对所有的报名者说："如果你们有谁真心爱我的女儿并愿意娶她为妻，我将把这个花园送给你们。但是，你们谁是真心爱我女儿的呢？"

"我！""我！"所有人都这样大声叫着。

富翁不紧不慢地继续说道："先生们，不要着急。一会儿，我的漂亮女儿将出现在水池的对面。如果你们真的爱她，就跳入水池，快速地游向对岸。谁第一个抓住我的女儿，我就把我的女儿嫁给他。"

这一下，所有的追求者都惊愕了。因为，他们眼前的这个水池分明是一个鳄鱼池，里面有几条鳄鱼正闭目养神呢。

"这不是要人命吗！"

"看来你们根本就不是真心爱我的女儿啊！"富翁说道。

现场一阵沉默。

这时，富翁的女儿出现在了水池对岸。她的美貌顿时引起了追求者的一阵骚动。

"幸福就在对岸。难道你们没有人真心爱我的女儿吗？"富翁叹道。

他的话音刚落，就听"扑通"一声。接着，就看到一个小伙子迅速地游到了水池的对岸。还好，他没有被鳄鱼吃掉。大家为他欢呼，更是无比嫉妒。

富翁走过去，拉着小伙子的手，激动地说："小伙子，你是最勇敢的。我想你也是真心爱我女儿的。我同意你和我的女儿结婚。你还有什么要说的吗？"

小伙子似乎还有点惊魂未定，他喘着粗气，说了一句话，让所有人惊诧至极。

★思索提问★

小伙子说了什么话?

··●揭开谜底●··

小伙子说:"我想知道是谁把我推下水的。"

如何开始游戏

一次课外活动,同学们玩起了一个非常新鲜的游戏。把三个人集合成一组,一个人蒙住眼睛,一个人将嘴巴贴住,第三个则塞住耳朵,然后开始玩游戏。但是在开始做游戏之前,他们所面临的一个问题就是不知如何叫这三个人开始行动。如果用喊的方式,塞住耳朵的人听不见;如果摇旗子的话,眼睛蒙住的人又没办法看见。

★思索提问★

采用何种方法能让三个人都知道游戏开始了呢?

··●揭开谜底●··

一边喊"开始"的口号,一边同时拍打三个人,这个方法是最容易让人了解的。人的五官当中,如果丧失了视觉和听觉,最好的代替方法就是利用触觉。

42

令国王满意的回答

很久以前，有兄弟两人合种一块稻田，等到水稻成熟的时候，哥哥竟把大部分收成据为己有，弟弟觉得哥哥实在是太贪心了，便与哥哥争论起来。正当两人争得面红耳赤的时候，国王恰好从这里路过。

国王听到了他们争论的内容，对其中的缘由也知道了个大概。于是，国王便对兄弟两人说道："现在，我问你们兄弟两人三个问题，如果谁回答得好，我就把全部稻米都裁决给谁。这三个问题是：在这个世界上，什么最肥？什么最快？什么最可亲？你们明天可以把答案告诉我。"

第二天，兄弟两人再次见到国王的时候，哥哥给出的答案是：最肥的是自家养的猪，最快的是自家跑的马，最可亲的则是自己的老婆。弟弟给出的答案却让国王十分满意，最终国王裁决把所有稻米都给了他。

★思索提问★

你知道弟弟究竟是怎样回答这三个问题的吗？

··●揭开谜底●··

弟弟的回答是："世界上最肥的是土地，因为它能生长出万物；最快的是人的态度，因为它的变化比什么都快；最可亲的是自己的国王，因为他善待自己的子民，就像父母对待儿女一样。"

聪明的马克·吐温

马克·吐温是美国的幽默大师、小说家、作家，也是著名演说家，其作品幽默风趣，他本人也非常喜欢开玩笑。有一次，有一位牧师在讲坛说教，对牧师的陈词滥调，他厌烦透了。于是，他有心要和牧师开一个玩笑。正当牧师讲得津津有味的时候，马克·吐温突然站起来打断了他的布道说教：

"牧师先生，你的讲词实在是太妙了，只不过你所说的每一个字我都曾经在一本书上看见过。"

牧师听罢此言，非常不高兴地回答说："这是绝对不可能的，我的演讲词绝对不是抄袭来的，我以上帝的名义发誓！"

"但是，你所说的每一个字确实都在那本书上面啊。"

"那么，如果你方便的话，请你抽空把那本书借给我看一看。"牧师无可奈何地说道。

几天之后，马克·吐温果真将那本书寄给了这位牧师。牧师看后哭笑不得。

不过，事实上马克·吐温和这位牧师他们两个谁也没说假话。

★ **思索提问** ★

马克·吐温寄了一本什么样的书给了这位牧师呢？

••● 揭开谜底 ●••

马克·吐温寄的是一本字典。牧师讲的每一句话中的每一个字，确确实实在字典里都能找得到！

多此一举

有一天，有一个人独自摇着帆船出游。在回来的途中，他的那艘帆船几乎呈现完全静止的状态。因为当时天气十分酷热，而且连一丝微风都没有。他望了一眼茫茫大海，如同泄了气的皮球一样，一下子躺在帆船中，仰望蓝天白云，因为此时的他已经精疲力竭了。

突然，他灵机一动，在帆船后方的甲板上架设了一个大型送风机，然后利用发电机来驱动风扇，让大风一直往帆的方向吹送。

★ 思索提问 ★

请问，在这样的情况下，这艘帆船会产生怎样的变化呢？

A. 向前行；B. 向后跑；C. 原地不动。

••● 揭开谜底 ●••

B。

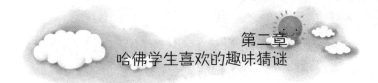

45

如此违规

交通法规明文规定：机动车通过交叉路口，应当按照交通信号灯、交通标志、交通标线或者交通警察的指挥通过；通过没有交通信号灯、交通标志、交通标线或者交通警察指挥的交叉路口时，应当减速慢行，并让行人和优先通行的车辆先行。

可是，有一天，偏偏有个汽车司机，当交叉路口上还有很多人横过马路时，却突然撞进了人群中，全速向前跑。这时，值班的警察看了觉得无所谓，也根本没有责怪他。

★思索提问★

你知道这究竟是怎么一回事吗？

·•●揭开谜底●•·

汽车司机根本没有开车，他是跑着撞进人群，全速向前跑的。

46

入室的窃贼

一天中午刚过，私人侦探杰克应一位朋友布鲁斯的邀请，来到郊外的一所住宅。

布鲁斯把杰克侦探请进客厅后，马上介绍家中失窃经过。

"昨天早晨，一个亲戚家发生了不幸，我和妻子便一道出门了。今天下午，我自己先回家，一进门发现屋里乱七八糟的。肯定家里没人时进来了溜门贼，是从那个窗户进来的。"布鲁斯指着面向院子的窗户。只见那扇窗户的玻璃被用玻璃刀割开一个圆圆的洞。小偷是通过把手伸进来拨开插销进来的。

"那么，什么东西被盗了？"

"没什么贵重物品，是照相机及妻子的宝石之类。除珍珠项链外都是些仿造品。哈哈哈……"

"你报警了没有？"

"报了，刑警们进行了现场勘查。"

"现场勘查中，刑警们发现了什么有力的证据没有？"

"没有，空手而归。小偷连一个指纹也没留下，一定是个溜门老手干的。要说证据，只有珍珠项链上的珍珠有五六颗丢在院子里了。"

"是被盗的那条珍珠项链上的珍珠吗？"

"是的。那条项链的线本来是断的。可能是小偷盗走项链时把项链装进衣服口袋里，而口袋有洞漏出来的吧。"

布鲁斯领着杰克来到了院子里，此时，夕阳正照射着整个院子，院子的花坛里正开着红、白、黄各种颜色的郁金香。

"喂！布鲁斯，这花中间也落了一颗珍珠哩。"杰克发现一朵黄色花的花瓣中间有一颗珍珠。

"哪里，哪里？"布鲁斯也凑过来看那个花朵。

"看来这是勘查人员的遗漏啊。"

"你知道这花是什么时候开的吗？"

"大概是前天。红色郁金香总是最先开花，我记得很清楚。"布鲁斯答着，并小心翼翼地从花瓣中间轻轻地把珍珠取出。

这天晚上，布鲁斯亲手做菜。两人正吃的时候，刑警来了电话，说是已经抓到了两个犯罪嫌疑人，目前正在审讯。

两个犯罪嫌疑人中一个是叫派恩的青年。昨天中午过后，附近的孩子们看见他从布鲁斯家的院子里出来。另一个是叫提姆的男子。他昨天夜里10点钟左右偷偷地去窥视现场，被偶尔路过的巡逻警察发现。

"这两个人中肯定有一个是罪犯。但目前我们还没有可靠的证据，因为两个人都有目击时间以外不在作案现场的证明。所以，肯定是他们中的一个那时溜进去作案的。"刑警在电话里说。

随后，布鲁斯又将刑警讲的这番话给杰克陈述了一下。杰克听完后，立即果断地说：

"如果是这样的话，答案就简单喽！罪犯一定是×××了。布鲁斯，如果怀疑我说的不对，那我们就去看看花坛中的郁金香吧。"

当布鲁斯看完之后，便竖起了大拇指对杰克说："朋友，你真的不愧是一位名侦探啊！"

★思索提问★

那么，请问，你认为杰克所认定的罪犯是哪一个？

•●揭开谜底 ●•

犯人是昨天中午在现场徘徊的派恩。他把珍珠掉在郁金香花瓣里就是证据。因为开花不久的郁金香，一到晚上天黑后花瓣就会合上，所以，被盗的珍珠能掉在花瓣里，这就说明作案时间是白天。但是要注意，将要凋萎的花，即使到了晚上花瓣也合不上。

47

不寻常的算式

一天，名侦探肖恩要到一位银行经理人史蒂文家去做客，了解关于昨天一宗银行抢劫案的事情。

肖恩在约定时间到了史蒂文家的大门口，当他正准备按门铃时，发现大门是半敞开着的，便走进了史蒂文的家中。

他坐在客厅沙发上，却根本没有见到史蒂文，对此他感到有些惊讶。于是，他开始扫视整个客厅，最后，他将目光停在了一台台式电脑的荧屏上。电脑这时是计算状态，上面打着"101×5"的一道算式。肖恩看了觉得非常纳闷，史蒂文教授算这个还要用计算器？

突然，肖恩从这道算式中觉察到了什么，立即拨响了911。

★思索提问★

为什么肖恩要拨打911呢？

•·● 揭开谜底 ●·•

101×5算出的结果是505。但在计算机上显示的是：SOS。SOS
为国际统一的遇难信号，肖恩看到它后立即作出反应：史蒂文遇难
了。所以他才拨打911（美国报警电话）。

自行车哪儿去了

约翰先生骑着一辆自行车路过一个公共厕所，他停下来，用环
形锁锁好自行车的前轮便进了厕所。不远处只有几个男孩在玩耍。
几分钟后，约翰先生从厕所出来，发现自行车不见了。

他肯定是那几个男孩中的某一个偷走了自行车。于是他急忙四
处寻找，最后在几公里路外的地方，终于找到了自己的自行车。可
是最令他奇怪的是，自行车前轮上的环形锁依然锁着。

那个男孩显然不可能把自行车扛到那么远的地方。

★ 思索提问 ★

那个男孩究竟用什么办法擅自借用他人的自行车兜了一大圈呢？

•·● 揭开谜底 ●·•

原来，那个男孩趁约翰先生进厕所的时候，在约翰先生自行
车的前轮下面缚上一只溜冰鞋。这样，即使前轮锁着，自行车仍
然可以骑，所以他把自行车骑到了很远的地方。可是又怕骑回来

会被自行车的主人抓住，于是便解下前轮上的溜冰鞋，扔掉自行车溜走了。

49
窃珠宝之人

最近，某市举行了一次大型珠宝展览会，许多珠宝商带着各自的珠宝参加到了这次展会中。琳琅满目的珠宝，吸引了众多观赏者，放眼望去，真是人山人海。

突然，一个男子迅速走到装有一粒价值连城的钻石的玻璃柜前，抢起锤子一敲，玻璃"哗啦"一声破裂开来，他迅速抢出钻石，乘乱逃走。

警方接到报警后，火速赶到现场，珠宝商哭诉道："柜子是请防盗公司特制的，玻璃是很特别的防盗玻璃，别说锤子，就是子弹打上去也不会破裂呀！"

经过警方调查，认定那些碎玻璃的确是防盗玻璃。警方百思不得其解，于是向名探艾伯特请教。艾伯特稍微思索了一下，便根据防盗玻璃的特性，说出了真正的罪犯是谁。

★思索提问★

你能猜出真正的罪犯是谁吗？为什么？

··●揭开谜底●··

其实，真正的罪犯就是制作防盗玻璃柜的经手人。因为防盗玻璃整体难以毁坏，但是，如果玻璃上有一个小缺陷，用锤子在那里一击，玻璃就会破碎，知道这个情况的，一定是制作防盗玻璃柜的经手人，所以他肯定是罪犯。

谁最先发觉有人开枪

一天，名侦探福尔摩斯和他的助手华生在居室闲坐喝茶。华生相信自己也有较强的观察分析能力，决定出一个难题考一考福尔摩斯，于是笑着说道："福尔摩斯先生，我这儿有一个难题想请教一下您，行吗？"福尔摩斯说："行啊！你说说看。"

华生喝了一口茶后，开始出题："在坎布连山区，有两座有名的高山，中间相隔500多米。一天，一个正常人带领两个残疾人一同去登山。两个残疾人中一个是盲人，一个是聋人。三人在傍晚时分攀登到了一座山的顶峰。随后，面向对面的山峰停下来休息。那个正常人因为太疲倦，一坐下来就睡着了，而那两个残疾人却依然精神饱满地坐着。夜已经很静了，突然对面山上有人向这边放了一枪，盲人马上听见了"砰"的枪声，聋人也立刻看到了枪口上的火光，而睡着的人也在当时发觉了放枪，因为子弹刚好擦着他的耳根飞过。后来警察来调查时，三人都夸耀自己的感觉最敏锐，都说是自己最先发觉有人开枪的。福尔摩斯先生，您能告诉我他们三人中是谁最先发觉有人开枪的吗？"

"聋人。"福尔摩斯回答。

福尔摩斯如此快而正确的回答，不得不让华生更加佩服福尔摩斯了。

★思索提问★

你知道为什么是聋人最先发觉有人开枪的呢？

··●揭开谜底●··

因为光的传播速度是每秒30万千米，比空气中声音的传播速度和子弹的飞行速度都要快得多，所以是聋人最先发觉有人开枪的。

51
聪明的青年

从前，有一个名叫苏丹的国王收到了一份邻国国王的礼物，这份礼物就是三个外表、大小和重量都完全一样的金雕像。邻国国王告诉苏丹，它们的价值是不一样的。其实，这个邻国国王就是想拿这三个东西，试一试苏丹和他的臣民究竟聪明不聪明。

当苏丹接到这份不寻常的礼物时，他感到十分奇怪，于是他把王宫里所有的人召集到一起，让他们把这三个雕像的差别给找出来。可是，所有人围着这三个雕像看了又看，查了又查，却怎么也找不到它们的差别。

关于这三个金雕像的消息很快就在城里传开了，男女老少，没有一个不知道。一个被关在囚牢里的穷小伙子托人告诉苏丹，只要让他看一眼这三个金雕像，马上就能说出它们之间的差别。

于是，苏丹就把这个青年传进了王宫。这个青年围着三个金雕像仔仔细细地看了一遍，发现它们的耳朵上都钻了一个眼。他拿起一根稻草，穿进第一个雕像的耳朵里，稻草从嘴里钻了出来。紧接着，他又把稻草穿进第二个雕像的耳朵里，稻草从另一只耳朵里钻了出来。最后，他把稻草穿进第三个雕像的耳朵，稻草被它吞到了肚子里，再也出不来了。

随后，青年人就对苏丹讲出了这三个雕像的差别。

苏丹听了这个青年人的话，感到十分高兴，他命人在每个雕像上写上它的价值，又把它们还给了邻国国王。后来，苏丹把这个青年人从囚牢里放了出来，并把他留在身边，帮他解决疑难问题。

★思索提问★

你知道这个青年人发现这三个金像的差别在哪里呢？

·•●揭开谜底●•·

青年人对苏丹说道："陛下！这三个金雕像都有和人一样的特点。第一个雕像就像是一个快嘴的人，他听到什么，马上就要说出来，这种人是靠不住的，所以，这个雕像值不了几个钱。第二个雕像就像是一个左耳进、右耳出的人，这种人不学无术，没有什么本事，值的钱也不多。第三个雕像就像是一个很有涵养的人，他能把知道了的东西全部装在肚子里，所以这个雕像是最值钱的。"

52
意外的发现

古希腊著名的物理学家兼数学家阿基米德，博学多才，智慧过人，他用他的发明创造为自己的国家做出了杰出的贡献，因此备受国王的信任。国王曾训谕他的臣民们说："无论阿基米德做什么、讲什么，都要相信他。"

有一次，国王让工匠给他做一只纯金的王冠。等王冠做好以后，国王怀疑工匠在王冠里混杂了其他金属，但又找不出确凿的证据，并且也没有什么方法来检验。于是，他便想到了才智过人的阿基米德，要求阿基米德想个办法检查一下。阿基米德被难住了，他冥思苦想，但是一个好的办法也没有想出来。这天，他去洗澡。他刚站进澡盆的时候，水就往上升起来，他坐了下去，水就溢到盆外来了。同时，他感觉到身体在水中的重量减轻了许多。他恍然大悟，急忙从澡盆里跳了出来，高兴得忘乎所以，大声喊着跑了出去："我知道了！我知道了！"周围的人莫名其妙，以为他得了精神病，其实他是发现了检测国王王冠的办法。

阿基米德找了一个刚好能包容下王冠的水罐，将里面注满水，又向国王要了一块给工匠做王冠用的一样重量和大小的纯金。检验开始了，他分别将王冠和纯金放入水罐。结果发现放王冠时水罐里溢出的水要比放纯金块所溢出的水要多。于是阿基米德据此断定，王冠里肯定混杂了比纯金密度小的其他金属。

★思索提问★

阿基米德为什么会断定国王的王冠里掺杂了其他金属呢？

··●揭开谜底●··

我们知道，如果洗澡时坐到澡盆里，澡盆的水必然上升，由于水的浮力，身体也必然减轻。阿基米德察觉出，如果王冠放入水后，所排出的水量比同样大小的纯金所排出的水量多，则金匠替国王所制的王冠一定夹杂了其他金属。

阿基米德在这平常的事里发现了十分重要的秘密。这就是有名的浮力原理。根据这个原理，得出了有名的阿基米德定律：沉物体于液体中，物体减轻之重量，等于所排出液体之重量。

53
女明星的项链

一天夜里，伯爵夫人举行了一个小型舞会，地点就设在她的别墅。大侦探保罗也应邀参加。

伯爵夫人养了一条白色的哈巴狗，非常宠爱，经常把它抱在膝上抚弄。

这天晚上，伯爵夫人一边抚弄她的爱犬，一边和四位女士聊天。话题是电影女明星凯琳的珍珠项链。这串项链是前埃及女王的饰物，十分名贵。

她们聊得非常尽兴的时候，只见在座的凯琳解下项链，放在桌子上，特意让几位女士观看。恰在这时，电突然停了，室内漆黑黑的。

一分钟之后，灯光再度亮起，凯琳突然大叫："哎呀！我的项链不见了。"

大家一看，放在桌上的珍珠项链果然不翼而飞。"看来，项链必定是在刚才停电时，被人偷去的。当时，男士们正在隔壁打桥牌，因此只有我们围桌而坐的五人嫌疑最大。不过，凯琳是失主，项链当然不是她偷的，所以犯罪嫌疑人就剩下我们四个了。"伯爵夫人边说边盯着那三位女士，"与其互相猜疑，倒不如我们都让凯琳搜身。"伯爵夫人建议说。

凯琳非常仔细地搜了她们四位的身，但一无所获。

打桥牌的男士们闻讯后，立刻赶来帮助凯琳寻找，可是连项链的影子也没有看到。正当众人对此事都疑惑难解时，大侦探保罗却在细心地观察着室内的一切。他发现所有窗户全都上了锁，认为在一分钟之内窃贼根本不可能把窗户打开，将项链掷出去的。同时，在停电的时候，几位女士也都没有离开桌边一步。保罗稍微沉思了一会儿，就立刻明白了，当凯琳要去报警时，他说："不用了，我知道窃贼是谁了。"

★思索提问★

你能猜出窃贼是谁吗？

⋯●揭开谜底●⋯

窃贼就是伯爵夫人。她趁停电的一分钟，把项链偷去，并将其塞入哈巴狗的毛内。由于哈巴狗的毛很长，并且狗毛又是白色的，所以就成为隐藏珍珠项链的最佳"处所"了。

54
凶器哪儿去了

哈德利经营了一家大公司，但由于某种原因，公司濒临破产，此事已经被报纸披露。但是，此消息刚被报纸刊登后，哈德利就突然失踪了。三天以后，有人发现哈德利在郊外的别墅中死去。警方接到报警后，立即赶往事发现场。经过仔细检查，警方认为哈德利是被刀片割断喉咙而死。同时发现哈德利死前曾经购买了巨额的人寿保险。保险条文规定：如果哈德利死于意外或谋杀，均可获得保险金，受益人是他的太太。如果他是自杀，则不能获得保险金。经过周密的调查，警方有充分的理由证实，哈德利是自杀的，而不是被杀。但令警方感到十分蹊跷的是，现场根本没有找到哈德利自杀时所用的刀片，仅仅发现了一些小鸟的羽毛。

通常来说，一个人自杀后是根本没办法将刀片藏起来或扔到别处的，但哈德利确实做到了。很显然，他的目的就在于制造被杀的假象，以骗取巨额保险金。

★ 思索提问 ★

哈德利自杀用的凶器究竟到哪里去了呢？

·●·揭开谜底 ●·

原来，哈德利把刀片绑在了小鸟的脚上，他自杀后小鸟带着刀片从窗口飞了出去。

55

"莎翁"巧取硬币

莎士比亚是世界著名作家，马克思曾称他为"人类最伟大的戏剧天才"，被人们尊称为"莎翁"。但是在当时的社会，莎士比亚在受到人们拥戴的同时，也受到了某些人的嘲讽。

有一次，莎士比亚受邀请参加宴会，在宴会上，有一位商人想当着众人的面让莎士比亚出丑。他向莎士比亚喊道："人们都在赞扬你，不要以为你自己有多么了不起，我看你的智力也平常得很，不信咱们试试！"

莎士比亚知道对方是想让自己出丑，但为了维护自己的声誉，他便答应了。于是那个商人就吩咐仆人提来半桶葡萄酒，轻轻在酒面上平放了一枚硬币。硬币浮在酒面上一动也不动。商人对莎士比亚说："不准向桶内吹气，不准向桶里扔石头之类的物体，也不准用东西拨弄硬币，更不准左右摇晃酒桶，请问莎士比亚先生，您能在桶边把硬币取到手吗？"

许多客人见了直摇头，都认为没有办法可以把硬币取到手。

但是，莎士比亚很快就想出了一个很好的办法，将这个难题解决了。

★思索提问★

莎士比亚想了一个什么好办法呢？

··●揭开谜底●··

莎士比亚想到的好办法是叫人再拿半桶酒，慢慢地向有硬币的桶里倒酒。等到桶里的酒满后，硬币就自动浮到桶边，随着溢出的酒流出来，莎士比亚伸手便把硬币接到了手中。

56
大仲马的趣事

　　著名的法国小说家大仲马非常喜欢旅行，他早就有了到德国旅行的想法。于是，他借着一个很偶然的机会，德国之旅得以成行。

　　到了德国之后，大仲马被德国的风土人情所吸引，连德国小小的村庄他也不想错过。他来到德国的一个小村庄，尽情游玩之后，突然感到饿了，当地的蘑菇非常有名，大仲马对此也早有耳闻，于是他走进附近一家小饭馆。

　　大仲马想，用什么办法才能让小饭馆的伙计知道自己想吃蘑菇呢？因为大仲马不会说德语，他想要是自己懂一点德语就好了。

　　大仲马思索片刻，之后，拿起笔在纸上画了一个蘑菇，可是那个蘑菇画得并不像，和现实中的蘑菇相差很远。

　　饭馆的伙计仔细地看了看大仲马所画的那个蘑菇，向大仲马表示完全懂了他的意思就走了。大仲马对此感到很满意，于是耐心地等待。过了不久，饭馆的伙计来了。他为大仲马拿来一样东西，使大仲马哭笑不得！

★思索提问★

你知道饭店的伙计拿了什么来吗？

•·● 揭开谜底 ●·•

原来，饭店的伙计拿来的并不是蘑菇，而是一把雨伞！

遗书的秘密

戈登是个英国小伙子。在美国读完大学后，就回到英国。

其实，他是一个孤儿，从小在孤儿院长大，也不知道自己的父母是谁。在美国读大学期间，总是有人给他匿名汇款。他就是靠这汇款，完成了学业。

戈登一回到英国，就有一个律师找到他，说戈登其实是英国一位商业大亨的私生子。但是前不久，这个人亨病逝了。按照他的遗嘱，戈登可以得到千万遗产。这对戈登来说可真是意外之喜。于是他打电话把这个消息告诉了他上大学时的好朋友乔治。乔治是个美国人，对做生意很感兴趣。戈登希望和乔治商量用这笔遗产可以做什么生意，开创他们自己的事业。

乔治一听到这个消息，比戈登还高兴。他精心准备了一下，就坐飞机去英国找戈登。

两人聊得非常开心，几乎忘了时间。第二天乔治醒来时，戈登已经死了。于是，乔治赶紧报了警。

警察查看了现场，初步认定戈登是中毒身亡。在戈登床前，有一封遗书，大致的意思是戈登是一个没有父母的孩子，从小就在孤儿院长大。直到毕业的时候，才知道自己是一个私生子。他感觉生活没有意义，于是服毒自杀。同时他愿意把他刚刚得到的千万遗产转赠给他的好朋友乔治。最后的署名是"戈登7.29.2010"。

警长看了这封遗书后，对乔治说："戈登根本不是自杀，这封遗书根本就是伪造的，而凶手就是你！"并下令把乔治抓了起来。

★思索提问★

警长是根据什么判断的呢？

·•●揭开谜底●•··

是遗书上的日期暴露了乔治的动机。因为美国人写日期习惯把月写在前，日写在后；而英国人习惯把日写在前，月写在后。

58
误伤

艾玛的爸爸是个警察。受其爸爸影响，她从小就爱听侦探故事。长大以后，她开始创作侦探小说，而且还相当受读者欢迎。

这天晚上，她又在家里构思小说："门开了，屋里伸手不见五指。突然，他感到有一只大手拍了一下他的右肩……"艾玛抬起头，竟然发现窗外有一个黑影，似乎正盯着她。她的心不由得"怦怦"乱跳起来。她感到黑影离她越来越近。艾玛屏住呼吸，拿起桌子上的一把水果刀朝黑影狠狠扔去。只听"啊——扑通——"，黑影倒下后就没了动静。过了会儿，艾玛拿着手电参着胆子去屋外看了看，一个穿制服的人倒在地上，胸口插着把刀，头边一摊血，还在汩汩地流，头下的一块石头已经被血染红了。她把手指放在那人的鼻孔处，发现人已经没了气息。艾玛更加害怕。她知道自己闯了大祸，也知道自己是逃不掉的。但出于本能，她还是拔走了水果刀，想和警察躲个猫猫。

艾玛很快跑回屋里，简单收拾了一下，拉下了电闸，连夜去了外婆家。可是第二天，她就接到了史密斯探长的电话，要她马上回家。当她到家时，探长已经在那儿等候多时了。探长向她说了昨晚的凶杀案件，并问她昨晚在哪儿。艾玛想了想说："探长先生，我家里的电路坏了，电脑不能用，所以这三天里，我一直住在外婆家里。"史密斯探长点点头说："你的父亲以前是我的上司，我是看着你长大的，我知道你不会干违法的事。说实话，从接到这个案子，我就一直忙到现在，都渴坏了。你这儿有冰汽水吗？"艾玛一听，稍稍松了点气。她走到冰箱前，拿了一瓶汽水给探长。探长打开，喝了一口，便掏出手铐将艾玛铐上了，并说："你的汽水很解渴。但是，我必须把你带回警局。"

★思索提问★

究竟艾玛露出了什么马脚，让史密斯探长断定她在撒谎呢？

··●揭开谜底 ●··

史密斯探长喝到的汽水还很冰。如果真像艾玛所说家里停了三天电，那么冰箱里的汽水是不可能那么冰的。

照镜子

玛丽和安娜是一对双胞胎姐妹。这天，她俩各自站着，一个人脸朝向东，另一个人脸朝向西。

★思索提问★

至少需要几面镜子，她俩才可以看到对方的脸呢？

··●揭开谜底 ●··

根本不需要镜子。虽然她们一个人脸朝向东，另一个人脸朝向西，但两个人是面对面站着的，所以不需要镜子。

重量的变化

取一个秤，并将一个盛满水的脸盆放在秤上，然后将手放入水中。

★思索提问★

试问，手放进水中的前后，秤所显示的重量变化如何?

A. 不变;

B. 手放进水中之后，指针的重量显示较重;

C. 手放进水中之后，指针的重量显示较轻。

●●揭开谜底●●

B。

有多少幸存者

有一天，有一个空中巡逻队飞行至一个荒岛上。这个荒岛一直荒无人烟。但是，这里曾经发生过一起重大意外事故，四年前，有一艘巨轮沉没于此。

正当飞行员将要飞过这座荒岛时，他突然发现荒岛之上有一个人，于是立刻用无线电向总部汇报，但是这名飞行员却汇报说这座荒岛上至少有两名幸存者。

★ **思索提问** ★

为什么这名飞行员会这样汇报呢？

·•● **揭开谜底** ●•·

原来，飞行员看到的那个人是一个三四岁的小孩子，并且那个小孩子当时在地上跑来跑去，显得十分活泼而又健康。如果没有大人的照顾，一个孩子不可能单独存活于这个荒岛之上，所以飞行员可以肯定这座荒岛上至少有两名幸存者。

第三章

哈佛学生喜欢的新奇猜谜

老鼠偷奶酪

一窝老鼠的首长派四只小老鼠一块出去偷食物。结果它们都带回了东西。它们把东西放在一起，向首长报告。首长问道："你们都偷到了什么啊？"

老鼠A说："我们都偷了奶酪。"

老鼠B说："我只偷了一颗樱桃。"

老鼠C说："我没有偷奶酪。"

老鼠D说："其实有没偷奶酪的。"

有老鼠报告首长，说它们之中只有一只说了实话。

★思索提问★

哪只老鼠说了实话？

•●揭开谜底●•

假设老鼠B说的是实话，那么老鼠A说的就是假话，因为它们都偷食物了。假设老鼠C或D说的是实话，这两种假设只能推出老鼠A说假话，与题意不符。假设老鼠A说的是实话，那么其他三只老鼠说的都是假话，这符合题中仅一只老鼠说实话的前提。所以老鼠A说的是实话。

胖瘦两姐妹

有一个人迷了路，而且天气阴沉，他也不知道是上午还是下午。这时，他看到前面有两个小女孩在玩耍，于是决定过去打听一下。他走过去，问她们说："小朋友，你们好。叔叔在这儿迷了路，而且不知道时间。你们能告诉我现在是上午还是下午吗？"

胖女孩说："上午。"

"不对，"瘦女孩说，"叔叔，现在是下午。"

"那，你们谁是姐姐呢？"他觉得应该相信姐姐的话。

结果两个女孩都说自己是。这下他迷糊了，到底她们谁说的才是真话呢？他只好无奈地继续向前走。没走一会儿，他看到一个妇女向他走来。他把妇女拦住，问她现在是什么时间，并且告诉她刚才有两个女孩和他说的话。妇女笑了，说道："我正是去找她俩呢。她们是我的女儿。而且，她们有个毛病：姐姐上午说真话，下午说假话；妹妹上午说假话，下午说真话。""哦，那我知道了。"他说。

★思索提问★

此时究竟是上午还是下午呢？

•••●揭开谜底●•••

107

假设是下午，那么瘦女孩说的就是真话，但无法确定到底谁是姐姐，所以不可能是下午。可以肯定当时是上午，此时姐姐说真话，而胖女孩说是上午，所以胖女孩是姐姐，瘦女孩是妹妹。

3
做好事不留名

玛丽、拉拉和瑞娜是同班同学，也是好朋友。她们经常一起上学，一起放学回家。这天她们分手后，其中一个人看到有一个老奶奶摔倒在地上了。于是，她把老奶奶扶起来，并想办法送回了家里。老奶奶的家人非常感谢她，问她姓名，可是她只说了声"不客气"就走了。后来，老奶奶找到学校，说一定要表扬那个同学。校长让每个班主任问问是不是自己班的同学。

在一次班会上，班主任问起了这件事。

玛丽说："我知道，是拉拉做的。"

拉拉却说："不是我做的。"

瑞娜说："也不是我做的。"

老师和同学们都被三个人的话弄懵了。其实，她们中只有一个人的话是真实的。

★思索提问★

到底是谁做的好事呢？

··●揭开谜底 ●··

如果是玛丽做的，则拉拉和瑞娜的话都是真的，应该排除；如果是拉拉做的，则玛丽和瑞娜的话是真的，不合题意；如果是瑞娜做的，则玛丽和瑞娜的话是假的，拉拉的话是真的，符合题意。所以，好事是瑞娜做的。

世界人种

最近的一次世界人口统计调查表明：（1）黄种人比黑种人多得多；（2）在白种人中，男性多于女性；（3）各人种的男女比例几乎相等。现在有如下几种说法：

A.黄种女性多于白种男性；

B.黑种女性少于黄种男性；

C.黑种男性少于黄种男性；

D.黑种女性少于黄种女性。

★思索提问★

哪种说法是错误的？

··●揭开谜底 ●··

A说法是错误的。

5
车的品牌

吉米、凯恩和汤姆三个人一起去车展参观，各自看上了一辆汽车，于是就买下了。三辆车的牌子分别是奔驰、本田和宝马。他们开着自己的新车一起去了托马斯家。他们把车停到托马斯家的院子里，然后在院子里叫托马斯。托马斯正在聚精会神地看电视，听到有人叫他，他才起身向院中走去。看到院中的三辆新车，托马斯羡慕不已。

"太棒了这车！"

"我们刚买的，一买完就来看你了。"汤姆说。

"那么——等等，让我猜猜你们各自买的是什么品牌。"

"好啊。"吉米说。

"呃，汤姆买的肯定不是宝马，凯恩自然不会买奔驰，吉米买的是奔驰。"

"哈哈……"三人笑了起来。

"抱歉，托马斯。你只说对了一句。"凯恩说。

★思索提问★

他们三人究竟买了什么牌子的车呢？

●揭开谜底●

只有当"汤姆买的肯定不是宝马"的猜测是正确时，其他两种猜测才是错的。所以，汤姆买的就只能是本田或奔驰，吉米买的不是奔驰，只能是宝马或本田，那么吉米买的是宝马，凯恩买的是奔驰，汤姆买的是本田。

拾金不昧

有一天，安娜、莉莉和贝拉在学校操场玩。突然，有人看到一个钱包并捡了起来。三个人商量，最后决定交给班主任海伦老师。

海伦老师知道情况后，表扬了她们，同时问道："是谁最先发现的啊？"

安娜说："不是我，也不是莉莉。"

"哦，那就是贝拉喽。"海伦老师说。

她们三个人一笑。贝拉说："不是我，我也不知道是谁最先发现的。"

海伦老师看了莉莉一眼。莉莉说："不是我，也不是贝拉。"

"你们……"海伦老师真不知道她们在搞什么鬼。

莉莉又说："海伦老师，其实我们刚才说的话，都是一句是真的，一句是假的。"

"哦，原来如此。你们是想考我呀。不过我已经知道是谁最先发现的了。"海伦老师笑道。

★思索提问★

你知道钱包是谁最先发现的吗？

··●揭开谜底●··

　　贝拉说钱包不是她发现的，也不知道是谁发现的，由此就可以判定：她的第二句话是假的，第一句话是真的。那么莉莉说的第二句话是真的，第一句话是假的。所以钱包是莉莉最先发现的。

大学生宿舍

　　洛杉矶某大学的一个女生宿舍，住着苏珊、汉娜和拉拉三个人。她们一个来自纽约，一个来自墨西哥，一个来自悉尼。她们所学的专业也不相同，一个是学工商管理的，一个是学国际金融的，还有一个是学英语的。而且还知道：（1）苏珊不是学国际金融的；（2）汉娜不是学英语的；（3）学国际金融的不是来自墨西哥；（4）学英语的来自墨西哥；（5）汉娜不是来自悉尼。

★思索提问★

苏珊学的是什么专业，来自什么地方？

··●揭开谜底●··

苏珊学的是英语专业，来自墨西哥。

酒鬼送酒

有五个酒鬼，他们的外号分别叫"威士忌""鸡尾酒""五粮液""伏特加"和"白兰地"。某年圣诞节，他们之中的每一个人，都向其他四个人中的某一个人赠送了一瓶酒。没有两个人赠送的酒是一样的，每种酒都是他们中某个人的外号所表示的酒，没有人赠送或收到的酒是他自己的外号所表示的酒。

"五粮液"先生送给"白兰地"先生的是鸡尾酒；收到白兰地酒的先生把威士忌酒送给了"五粮液"先生；外号和"鸡尾酒"先生所送的酒名称相同的先生，把自己的酒送给了"威士忌"先生。

★ 思索提问 ★

"鸡尾酒"先生所收到的酒是谁送的？

··● 揭开谜底 ●··

"鸡尾酒"先生所收到的酒是"威士忌"先生送的。"威士忌"先生送给"鸡尾酒"先生五粮液；"鸡尾酒"先生送给"伏特加"先生白兰地；"伏特加"先生送给"五粮液"先生威士忌。

公主心中的白马王子

娜娜公主心目中的白马王子必须是个高鼻梁、白皮肤、高个子的男子。有四个男子进入了她的视野，分别是亚历山大、汤姆、杰克和皮特。他们的情况是这样的：

（1）每位男士都至少符合一个条件；

（2）其中有三个人是高鼻梁，两个人是白皮肤，一个人是高个子；

（3）亚历山大和汤姆都不是白皮肤；

（4）汤姆和杰克的鼻梁都很高；

（5）杰克和皮特并非都是高鼻梁。

只有一位符合公主的全部条件。

★ 思索提问 ★

他是谁呢？

●● 揭开谜底 ●●

因为亚历山大和汤姆都不是白皮肤，所以白皮肤的只能是杰克和皮特。因为杰克是高鼻梁，所以皮特必然不是高鼻梁。亚历山大、汤姆和皮特都有不符合条件的，所以符合全部条件的只能是杰克了。

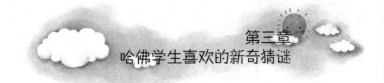

星期猜测

暑假里，大家一般只记得日期，不记得星期几。一天，住在一个院子里的小朋友们对今天是星期几进行了如下猜测：

山姆说："今天是星期三。"

朵拉说："不对，后天是星期三。"

凯伊说："你们都错了，明天是星期三。"

丽莎说："今天既不是星期一也不是星期二，更不是星期三。"

杰克说："我确信昨天是星期四。"

贝利说："不对，明天是星期四。"

莉莉说："不管怎样，昨天不是星期六。"

事实上，他们之中只有一个人说对了。

★思索提问★

今天到底是星期几？

··●揭开谜底●··

除了星期日外，其他的都不止一个人说道。因此，丽莎说的对，今天是星期日。

锁定窃贼

一个仓库被盗，大批商品在夜间被罪犯用汽车偷运走。警方最后锁定了三个犯罪嫌疑人，甲、乙、丙。经过调查得知：（1）丙作案时总得有甲做从犯；（2）乙不会开车。

★思索提问★

甲是否参与了这起盗窃案？

··●揭开谜底●··

如果丙作案，则甲是从犯；如果丙没有作案，由于乙不会开车，不会单独作案。因此，甲必定参与作案。丙要么作案，要么没有作案，二者必居其一。所以，甲一定参与了这起盗窃案。

踢足球

星期天，保罗、汤姆、海利和大卫四个人在院子里踢足球。他们越踢越欢。突然，"哐啷"一声，有人把球踢到了皮特叔叔家的玻璃窗上。他们刚想逃，皮特叔叔从家里把他们的球拿出来并叫住他们。皮特叔叔问："是谁踢烂了我们家的玻璃？"

保罗说："是汤姆干的。"

汤姆说："是大卫踢的。"

海利说："不是我踢的。"

大卫说："汤姆撒谎。"

皮特叔叔说："男子汉，大丈夫，敢做敢当。你们连承认错误的勇气都没有，那还怎么成长啊。我又不会吃了你们。如果你们承认错误，我还把球还给你们，而且愿意和你们一起踢足球。"

四个人听皮特叔叔这么一说，终于把心放了下来。过了一会儿，海利说："其实刚才，我们只有一个人说了真话。"

<h3 align="center">★思索提问★</h3>

到底是谁踢碎了皮特叔叔家的玻璃呢？

<h3 align="center">••●揭开谜底●••</h3>

海利干的。

魔鬼和天使

一支商队正在横穿沙漠，要到沙漠另一头的一个国家去做生意。走了七天七夜，他们所带的淡水全部用完了。他们知道在沙漠里有一块绿洲。于是，队长派人分头去找。可不知为什么，回来的人都报告说没找到。队长突然想起来一个传说：在绿洲旁边，住着一群小天使，他们负责守护绿洲。然而，沙漠里还住着一个魔鬼，他经常会和天使斗争，把绿洲变到别的地方。天使经常会变化成美女，帮助人们。魔鬼也会变化成美女，而且可以变化成很多美女，欺骗人们。

正在大家无可奈何之时，他们眼前突然并排出现了三个美女。没有人能看出他们谁是天使，谁是魔鬼，只能通过他们的话判断。

甲说："在乙和丙之间，至少有一个是天使。"

乙说："在丙和甲之间，至少有一个是魔鬼。"

丙说："我告诉你们正确的消息吧。"

★思索提问★

她们之中至少有几个天使？

··●揭开谜底●··

假设甲是魔鬼，那么可以推断她们几个都是魔鬼；乙是魔鬼的同时又说了实话，相互矛盾，所以甲是天使。假设乙是天使的话，丙就成了魔鬼；相反，假设乙是魔鬼的话，丙就是天使。所以，无论怎样，她们之中至少有两个天使。

14 野炊

有兄弟四人一起去野炊。他们来到一个山脚下，旁边有清澈的小溪。于是，他们支起锅灶，准备做饭。他们分工明确，各行其是，一个挑水，一个烧水，一个洗菜，一个淘米。但是，老大不挑水也不淘米；老二不洗菜也不挑水；如果老大不洗菜，那么老四就不挑水；老三既不挑水也不淘米。

★思索提问★

他们应该各自做什么呢？

··●揭开谜底●··

老大洗菜，老二淘米，老三烧水，老四挑水。

15 经理的安排

约翰经理下个星期的主要活动有：去税务所办事，去医院看牙医李大夫，带儿子参观博物馆，去电视台录广告。他的秘书提醒他：税务所星期六休息，李大夫每逢周二、五、六坐诊，博物馆在周一、三、五开放，电视台广告部在星期三是休息的。

★ 思索提问 ★

如果这些事可以在一天内完成，约翰经理应该选择星期几呢？

••● 揭开谜底 ●••

星期五。

伪证

某小区一家住户的钱财被盗了。警方根据周密排查，最后锁定了A、B两个犯罪嫌疑人。同时，有四个人向警方提供了证词。

第一位证人贝克先生说："我和A认识多年，他肯定是清白的。"

第二位证人鲍勃先生说："B为人光明磊落，他不可能犯罪。"

第三位证人肖恩师傅说："贝克先生和鲍勃先生的证词中，至少有一个是真的。"

最后一位证人玛丽太太说："我敢肯定肖恩师傅的证词是假的。至于他有什么目的，我就不清楚了。"

然而，警察经过调查证实，除了玛丽太太，其他人作的都是伪证。

★ 思索提问 ★

盗窃犯究竟是谁?

··●揭开谜底●··

因为玛丽太太说了真话,由此可以推断肖恩师傅作了伪证,再进一步推断贝克先生和鲍勃先生说的也都是假话,从而可以判定A和B都是盗窃犯。

生日礼物

安娜的生日到了。妈妈买了一条漂亮的裙子作为生日礼物送给安娜。为了考验一下安娜,妈妈故意准备了两个一模一样的纸盒子,并在纸盒子上贴了两张纸条。A盒子上的纸条写着"B盒没说谎,礼物在A盒",B盒上的纸条写着"A盒在说谎,礼物在A盒"。

★思索提问★

安娜的礼物究竟在哪个盒子里呢?

··●揭开谜底●··

无论A盒子上的纸条是真是假,B盒子上的纸条的话都前后矛盾,所以,B盒子上的话是假话,礼物在B盒。

18
四个瓶子

桌子上有四个一模一样的瓶子，而且不透明。瓶里面分别装着红酒、啤酒、可乐和果汁。瓶子上都贴着一张标签。

甲瓶：乙是红酒；

乙瓶：丙不是红酒；

丙瓶：丁是可乐；

丁瓶：甲不是啤酒。

但是，除了装有果汁的瓶子上的标签是假的，其他的瓶子上的标签都是真的。

★思索提问★

四个瓶里各装的是什么？

·•●揭开谜底●•·

甲瓶装的是可乐，乙瓶装的是红酒，丙瓶装的是果汁，丁瓶装的是啤酒。

19

不翼而飞的钻石

大富翁洛克菲勒刚刚买了一颗大钻石。为了让他的朋友们也能欣赏到这颗钻石，他把这颗钻石单独放在一个房间里；同时为了安全起见，他还特意做了一个玻璃容器，容器的口很小，刚好可以把钻石放进去。玻璃是防弹的。容器底部连接着报警器，只要有人移动容器，报警器就会发出巨大的响声。

这天晚上，洛克菲勒从外出差回来，迫不及待地去看他的钻石。可当他推开那间房门，吃惊地发现钻石竟然不翼而飞了。玻璃容器完好无损。他立刻叫来管家、保安和清洁工。保安说："这几天，没有客人来。"三个人都表示没有听到报警声。管家说："清洁工每天会清除各个房间的灰尘。我和保安每天都会查看一遍钻石。"

★思索提问★

你认为最有可能是谁偷的呢？

··●揭开谜底●··

清洁工，他利用吸尘器把钻石吸出来偷走，因为没有移动玻璃瓶，所以报警器没有响。

20

珠宝和毒气

两个探险家在一个山洞里发现了两个箱子和一块木板。木板上刻有一行字："这两个箱子，其中一个装有珠宝，另一个装有毒气。如果你足够聪明，就可以取走珠宝；如果你不幸打开了装有毒气的箱子，那你必死无疑。"同时，他们还注意到，每个箱子上也刻有字。第一个箱子上刻的是："另一个箱子上的话是真的，珠宝在这个箱子里。"第二个箱子上刻的是："另一个箱子上的话是假的，珠宝在另一个箱子里。"

★思索提问★

如果他们要想不被毒死，还要取走珠宝，他们应该打开哪个箱子呢？

·●揭开谜底●·

他们应该打开第二个箱子。第一个箱子上的话是假的，如果它是真的，那么，第二个箱子的话也是真的，这是矛盾的。

加薪风波

新年过后，上班的第一天，公司里便传出要给部分员工加薪的消息。

拉拉说："如果给我加薪的话，也会给保罗加薪。"

保罗说："如果给我加薪的话，也会给大卫加薪。"

大卫说："如果给我加薪的话，也会给凯伊加薪。"

等到通知公布的那一天，他们之中有两个人加了薪，但他们说的却都是对的。

★ 思索提问 ★

他们之中，谁加了薪？

●揭开谜底●

大卫和凯伊。

关于汽车

有家汽车制造厂。该厂生产的小轿车全都安装了驾驶员安全气囊，在安装驾驶员安全气囊的小轿车中，有一半安装了乘客安全气囊，安装乘客安全气囊的小轿车同时也安装有安全杠和防碎玻璃。杰克先生刚刚购买了一辆该厂生产的小轿车，而且是装有防碎玻璃的。

★ **思索提问** ★

下面哪句说法一定正确？

A.这辆车一定装有安全杠；

B.这辆车一定装有乘客安全气囊；

C.这辆车一定装有驾驶员安全气囊。

•·● **揭开谜底** ●·•

C。A和B不一定正确。

23

特异功能

有兄弟两个，哥哥每天要把弟弟哄睡，而调皮的弟弟经常会装睡。但是，每次弟弟装睡时，他都会听到哥哥说："弟弟，不要装睡了。我知道你还醒着呢。"这个时候，弟弟就会睁开眼睛，吃惊地问哥哥："哥哥，为什么你每次都知道我在装睡呢？"哥哥开玩笑地说："因为我有特异功能啊。"

★思索提问★

哥哥的"特异功能"究竟是什么呢？

●揭开谜底●

哥哥在弟弟睡觉的时候，都会说那样一句话。如果弟弟真的睡着了，他自然听不到；可他如果是装睡，自然能听到哥哥说的那句话，所以会认为哥哥的话很准。

驯狗

瑞娜小姐嫁了个好老公。结婚以后，她就在家当全职太太。丈夫怕她空虚，就给她买了一只宠物狗。瑞娜小姐非常喜欢这只狗，总想把它训练成一只能听懂人话的狗。但几个月下来，效果并不明显。她的丈夫知道后，便对她说："过几天，我去中国出差，要待好几个月。我有一个中国朋友，就是一个驯兽师。要不，我把这只狗带给他，让他帮你驯吧。"瑞娜小姐高兴地同意了。

丈夫回国前，给瑞娜小姐打了个电话，说小狗已经被他的朋友驯得非常听话，后天他就回国了，到家一定会给她个惊喜。瑞娜小姐激动万分，满怀期待——期待老公，更期待小狗。

丈夫一到家，瑞娜小姐就迫不及待地要看看小狗的精彩表演。但是，无论瑞娜小姐对小狗说什么话，小狗只会看着她，最多"汪汪"叫几声，根本不像丈夫说的那么听话。

★思索提问★

这到底是怎么回事呢?

••●揭开谜底●••

小狗在中国,接受的都是汉语训练,现在,当然听不懂瑞娜小姐的英语了。

25

躲避老虎

动物园里,由于饲养员的一时疏忽,一只大老虎逃出了笼子。出了笼的老虎更加凶残,只要是活物,它见着就咬。动物园一方面迅速封锁了动物园并通知园内所有人员赶紧躲避,一方面打电话请求帮助捕捉老虎。当大家都在着急地寻找好的避难所时,饲养老虎的饲养员却不慌不忙地躲进了一个他认为非常安全的地方。

★思索提问★

你知道他躲在哪吗?

••●揭开谜底●••

他躲进了关那只老虎的笼子里。既然老虎逃出了笼子,它就不愿意再回到笼子里了。

吃梨比赛

三（1）班正在举行一场特殊的比赛——比赛吃梨。男生推选迈克，因为他最胖。女生推选丽娜，因为她最聪明。老师给他俩准备了5个一样大小的梨。要求：每人每次最多只能拿2个梨，可以同时吃；只有把拿的梨吃完了才可以再拿；谁吃的梨多，就算谁赢。

老师一声令下，迈克一手拿了一只梨迅速地啃起来，丽娜却只拿了一只梨吃起来。

★ **思索提问** ★

最后谁赢了？

••● **揭开谜底** ●••

丽娜赢了。虽然她吃得比迈克慢，但是，当她吃完一个梨时，迈克还没有吃完手中的两个梨。因此，丽娜可以拿起最后的两个梨一起吃。她总共吃了3个，迈克只吃了2个。所以当然是丽娜赢了。

27
坐公交车

艾玛、汤姆和贝拉是好朋友，他们在同一家公司上班，而且住在同一个小区里。有一天公司加班，他们三人很晚才回家。他们一起来到公交站台等车。可以肯定，只剩最后一班车了。可是，左等不来，右等不来。艾玛实在等不及了，于是说："我要往前走了。在这儿等的时间，我都走到下一站了。"

汤姆说："我也不在这儿等了。我要走到上一站去，说不定公交车正在那儿呢。"

贝拉说："你们都走吧。我就在这儿等。"

★ **思索提问** ★

他们三人谁能最先到家呢？

·•● **揭开谜底** ●•·

因为只剩一班车了，如果他们三人都能坐上的话，自然是同时到家了。

游览古镇

在一个著名的古镇中，有一家非常有名的餐厅、一家百货商店和一家蛋糕店。这三家店还有个特殊的约定：（1）一星期中没有一天餐厅、百货商店和蛋糕店全都开门营业；（2）百货商店每星期开门营业四天，餐厅每星期开门营业五天；（3）星期日和星期三这三家店都关门休息。同时，你还会发现：在连续的3天中，如果第一天百货商场关门休息，那么第二天蛋糕店关门休息，第三天餐厅关门休息；如果第一天蛋糕店关门休息，那么第二天餐厅关门休息，第三天百货商店关门休息。

玛丽一家到古镇游览的当天，蛋糕店正好是开门营业的。

★思索提问★

玛丽到古镇的当天是星期几？

··●揭开谜底●··

根据三个商店的特点，除了星期三和星期日三个店都不开业外，百货商店在星期一不开业，蛋糕店只在星期一开业。所以，玛丽是星期一到的古镇。

仓库枪战

　　港口的一间旧仓库里，躲藏着两名恐怖分子。巡逻的艾迪警官接到密报后，单枪匹马前往仓库搜捕，结果上演了一场激烈的枪战。

　　第二天，艾迪的同事问他："你抓住了那两名恐怖分子吗？"

　　"不，没有那么顺利……"

　　"那么，你让他们逃走了？"

　　"当然不是。"

　　"莫非都被你打死了？"

　　"也不是。"

★思索提问★

在旧仓库里，艾迪警官和两名恐怖分子到底发生了什么事？

••●揭开谜底●••

　　艾迪警官逮捕了一名恐怖分子，而让另一名恐怖分子逃跑了。因此，艾迪警官并没有让两名恐怖分子都逃走，也没有把他们两人都逮住。

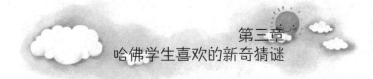

小球的颜色

有五个一样的盒子，里面分别装有红、绿、黑、黄、蓝五种颜色的小球。现在有甲、乙、丙、丁、戊五个小朋友来猜，猜对者有奖。

甲说："第二盒蓝色，第三盒黑色。"

乙说："第二盒绿色，第四盒红色。"

丙说："第一盒红色，第五盒黄色。"

丁说："第三盒绿色，第四盒黄色。"

戊说："第二盒黑色，第五盒蓝色。"

结果，五个人都猜对了一盒，且每人猜对的颜色都不同。

★思索提问★

每盒都装了什么颜色的小球？

·•●揭开谜底●•··

假设甲猜第二盒是蓝色的是正确的，那第三盒就不是黑色的。乙猜第二盒是绿色的就是错误的，那第四盒就是红色的。这样丙猜第一盒是红色的错误，那第五盒就是黄色的。那么戊猜第五盒是蓝色的就是错误的，第二盒应是黑色的。这与假设相矛盾，可见甲猜第二盒是蓝色的是错误的，那么第三盒应是黑色的。由此可推断出第一盒是红色的，第二盒是绿色的，第三盒是黑色的，第四盒是黄色的，第五盒是蓝色的。

哈佛学生最喜欢的
猜谜游戏

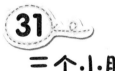

三个·小·朋友

　　三个小朋友在花园里玩耍，由于天气炎热，不久他们就感到疲倦了，于是就在花园里的一棵梧桐树下躺着休息一会儿，结果都睡着了。在他们睡觉的时候，一个爱开玩笑的小孩用炭涂黑了他们的前额。三个人醒来时，发现其他两人额上的炭黑，不禁觉得好笑，而且都笑出声来。但三个人都以为是其他两人在相互取笑，而没有想过自己的额头也被涂黑。突然其中的一个小朋友不笑了，因为他知道自己的前额也给涂黑了。

★思索提问★

他是怎么觉察到的？

··●揭开谜底●··

　　假设三个小朋友分别是A、B、C，发觉自己的额头也给涂黑的是A。A是这样想的："我们之中每个人都认为自己的脸是干净的。B是认为自己的脸是干净的，所以笑C的额上给涂黑了。但如果B看到我的脸是干净的，那么B对C的发笑就会感到奇怪，因为在这种情况下，C没有可笑的理由。然而现在B没有感觉到奇怪，这就是说，他认为C在笑我。由此可知，我的脸也是被涂黑了。"

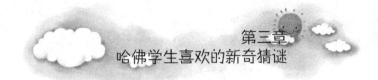

火车里的贵妇人

从火车发明以来，经历了无数次变革，已经进入了高速列车时代。由于火车最初发明时，是要烧煤的，经常会从烟囱里冒出火来，所以被人们形象地称为"火车"。

在一列由伦敦开往伯明翰的火车里，有两位贵妇人相对而坐。窗外风景美丽，从窗户吹进来的风更是让她们十分惬意。火车经过一条隧道。短暂的黑暗之后，又迎来了光明。这时，其中一位贵妇人的脸被煤烟弄脏了，另一位则没有。两个贵妇人都十分爱干净，如果知道自己的脸上脏了，一定会去卫生间擦洗的。

★思索提问★

结果是哪位贵妇人去卫生间洗脸了呢？

·•●揭开谜底●•·

是那位没被煤烟弄脏的贵妇人。因为看见对方的脸被弄脏，以为自己的脸也被弄脏，所以才去洗脸；而看见对方的脸是干净的那位贵妇人，以为自己的脸也是干净的，所以就没去洗脸。

逃亡的国王

　　某国发生政变，国王带着妻子儿女秘密逃往外地。当他们乘上飞机，飞离国家上空时，国王终于松了一口气。他对儿女们说："谢天谢地！我们总算逃出来了。这次我要带你们去一个非常安全的地方。那些反叛者一定不会找到我们的。这个地方目前只有我一个人知道。相信到时，你们也一定很惊讶的。"

　　"不，父王，一定还有人知道我们的去处。"国王的一个儿子说。

　　国王听了，大吃一惊。但他很快就明白了儿子的意思。"对，确实还有。"

★思索提问★

那个人是谁呢？

··●揭开谜底●··

飞机的驾驶员。

通缉告示

某小区的宣传栏里贴着一张一年前发生的盗窃案中一名犯罪嫌疑人的通缉告示，上面有通缉犯的姓名、照片、身高、年龄等资料。有一个人看了这张告示说："这里面有一项信息不可靠。"那个人不是通缉犯本人，也根本不认识通缉犯。

★思索提问★

他指的哪项信息不可靠呢？

··●揭开谜底●··

身高。因为通缉犯是个少年。经过一年，他极有可能已经长高很多了。

女明星之死

一天清晨，一个刚刚走红的电影女明星被人发现死在自己的别墅里。接到报案后，亨特警官带领两名警员迅速赶到现场。

女明星全身裹着羊毛毯，右边太阳穴处有一个弹孔。在床边梳

妆台的镜子上有一句用口红写的话："我痛恨娱乐界。"这似乎是
女明星的遗言。一个警员说："最近我经常在一家娱乐报上看到关
于她的隐私报道。我想，她一定是因为这个自杀的。"

"不，她绝不会是自杀的。"亨特警官说。

★思索提问★

亨特警官是如何判断的呢？

·•●揭开谜底●•·

如果是自杀，而且一枪毙命，那么她不可能是全身被羊毛毯裹
着的。一定是被人杀死后再用羊毛毯卷起来的。

36
银子与枣子

有一个小商贩，因为聪明能干，挣了不少钱。有一天，他要出
门谈一笔生意，怕银子放在家中不安全，于是就把银子装到一个菜
坛子里想寄存在邻居家，并对邻居说："我要出门几天。我这有一
坛枣子，想放在你家几天。等我回来时，再来你家取。"邻居爽快
地答应了。

可是，小商贩一去，竟然好几年没回来。直到第四年，他才回
来到邻居家取菜坛。小商贩打开菜坛一看，就说邻居偷了他的东西
并拉着去找县令理论。小商贩说："大人，四年前，我交给他一个

坛子，里面装的是银子，请他保管。但是，今天我去取时，却没有了银子。我想，一定是他拿的。"

邻居说："县令大人，他在撒谎。他交给我时明明说里面装的是枣子。现在，坛子里装的还是枣子。他分明是在诬陷我。"

县令听完他们的陈述，又看了一眼坛子里的枣子，并断定是邻居在撒谎。

★ 思索提问 ★

县令是如何知道的呢？

··● 揭开谜底 ●··

如果真是枣子，过了四年，也早烂了，而坛子里的枣子却还是新鲜的，所以县令判断邻居在撒谎。

巧寻肇事者

一位老太太被一辆飞驰的摩托车撞倒在地，流了一摊血，伤势严重。恰好，交警很快赶来。但肇事者已逃之夭夭。交警发现老太太流的那一摊血上有肇事者摩托车碾过的痕迹，附近也没有岔路，于是赶紧用对讲机和下一个路口的交警通了话，让他拦下所有骑摩托车路过的人。交警把将老太太送往医院后，便赶往下一个路口。

几个小时前，这里下过一场大雨，现在雨过天晴了，但仍有一小段路十分泥泞。交警走过这段泥泞的路，赶到下一个路口时，已有十多辆摩托车被拦在那里。交警仔细查看了这十几辆车，很快指出了肇事者。

★ 思索提问 ★

交警是如何找出肇事者的呢？

··● 揭开谜底 ●··

从出事现场到下一个路口，必须经过那段泥泞的路。肇事者害怕留下证据就把车轮洗得干干净净，恰恰因为这样露出了马脚。

幼儿园拔河比赛

幼儿园某班举行了三场拔河比赛。比赛的结果如下：

第一场：迈克老师为一方，两个男孩和三个女孩为另一方进行比赛，迈克老师输了；

第二场：杰克老师为一方，一个男孩和四个女孩为另一方进行比赛，杰克老师赢了；

第三场：迈克老师加一个男孩为一方，杰克老师加三个女孩子为另一方进行比赛，迈克老师的一方赢了。

假设每个男孩的力气一样大，每个女孩的力气也一样大。

★ 思索提问 ★

杰克老师加两个男孩与迈克老师加三个女孩进行拔河比赛，哪一方会赢？

•·● 揭开谜底 ●•

设迈克老师为A，杰克老师为B，男孩为C，女孩为D。由三场比赛可知：

A<2C+3D①

B>C+4D②

A+C>B+3D③

只要比较B+2C和A+3D关系就可以了。

由②③可知，A>7D

代入①可得C>2D

所以B+2C>3C+4D>A+C+D>A+3D，即杰克老师一方会赢。

夫妻与智者

有一对夫妻，平时特别喜欢和人打赌。一天，他们遇到一位智者，三人在一起猜测明日的天气，并愿意为之打赌。

丈夫对智者说："如果明天不下雨，我给你200美元；如果明天下雨，你给我100美元。"因为丈夫觉得明天下雨的可能性更大。

妻子却不认同丈夫的观点。她觉得明天下雨的可能性小。于是，妻子对智者说："如果明天下雨，我给你200美元；如果明天不下雨，你给我100美元。"

★ 思索提问 ★

智者愿意和他们打这场赌吗？

·•● 揭开谜底 ●·•

假设明天下雨，智者输100美元给丈夫，却可以从妻子那里赢得200美元，最终得100美元。假设明天不下雨，智者从丈夫那里赢得200美元，输100美元给妻子，最终也可获得100美元。无论下不下雨，如果智者愿意，都可以获得100美元，何乐而不为呢。

教授的难题

剑桥大学的巴斯特教授曾出过这样一道题来考他的学生：

（1）教室里标有日期的信都是用粉色信纸写的；

（2）丽萨写的信都是以"亲爱的"开头的；

（3）除了约翰外没有人用黑墨水写信；

（4）皮特没有收藏他能看到的信；

（5）只有一页信纸的信中，都标明了日期；

（6）做了标记的信都是用黑墨水写的；

（7）用粉色信纸写的信都收藏起来了；

（8）一页以上的信纸的信中，没有一封是做标记的；

（9）约翰没有写过以"亲爱的"开头的信。

★思索提问★

皮特能否看到丽萨写的信？

··●揭开谜底●··

能。由（1）知：标有日期的信一律用粉色信纸写的；由（2）知：丽萨写的信以"亲爱的"开头；由（3）知：不是约翰写的信不用黑墨水；由（4）知：收藏的信看不到；由（5）知：只有一页信纸的信标明了日期；由（6）知：不是用黑墨水写的信没做标记；由（7）知：用粉色信纸写的信都被收藏了；由（8）知：做标记的信只有一页信纸；由（9）知：约翰的信不以"亲爱的"开头。那么：丽萨写的信　不是约翰写的信——不是用黑墨水写的——没做标记——不止一页信纸——没标明日期——不是用粉色信纸写的——没有被收藏起来，所以皮特能看到丽萨写的信。

41

狐狸换午餐

笨笨熊开了一家餐馆，很多动物都来光顾。这天，狐狸来吃午饭。它点了一份麻辣面。不一会儿，笨笨熊就把一碗热腾腾的面放到狐狸面前。狐狸尝了一口，感到太辣了，根本没法吃，于是要求笨笨熊给换一碗西红柿鸡蛋面。笨笨熊没多说什么，很快就给狐狸换了一碗西红柿鸡蛋面。狐狸一闻，又对笨笨熊说："你怎么可以用坏鸡蛋给我做呢？你闻闻，鸡蛋都臭了！"笨笨熊闻了闻说："好像没有吧。"狐狸生气地说："我第一次来你这儿吃饭，你居然是这种态度，那我以后肯定不会来了。"笨笨熊没办法，只好又给狐狸换了一碗担担面。这下，狐狸总算没再说什么，有滋有味地将面吃完了，还大加赞赏。

狐狸吃完面后，大摇大摆地走出餐馆。笨笨熊看见了，立马追上去拦住说："你怎么吃完面不给钱就走了？"

狐狸说："什么面？"

"担担面啊！怎么这回你竟然不承认了。"笨笨熊气愤地说。

"担担面啊，那不是我用西红柿鸡蛋面换的吗？"狐狸说。

"可你也没给西红柿鸡蛋面的钱啊。"笨笨熊着急地说。

"对啊，西红柿鸡蛋面我没有吃啊，是我用麻辣面换的啊。"狐狸解释道。

"那麻辣面你也没给钱啊！"笨笨熊怒道。

"麻辣面我不是退给你了吗？我并没有吃啊。我还付什么钱啊？"狐狸镇定自若地说。

笨笨熊摸摸自己的脑袋，觉得好像是这么回事，于是让狐狸走了。

★思索提问★

错误到底出在哪呢？

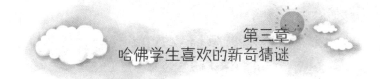

狐狸不是把麻辣面退了，而是换成最终的担担面了。

寻找出口

一个考古学家带着他的几名学生去大山里考古。由于道路不熟，加上崎岖不平，结果，他们跌落到一个洞穴中。还好，人都安然无恙。但是，想再爬上洞口，可就没那么容易了。幸运的是，洞穴中居然还有三个洞口。是否有洞口通往出口呢？

在第一个洞口旁刻着"这个洞口通往出口"。第二个洞口旁刻着"这个洞口不通向出口"。第三个洞口旁刻着"另外两个洞口旁的话，一句是真的，一句是假的"。

★思索提问★

如果第三个洞口旁的话是真的，那么他们应该选择哪个洞口出去呢？

·•●揭开谜底●•·

假设第一个洞口是通往出口的，就会出现第一、二洞口旁的话都对的现象，显然不对。假设第二个洞口是通往出口的，就会出现第一、二洞口旁的话都错的现象，显然也不对。所以第三个洞口才是通往出口的。

兄弟姐妹

　　有一家，共有兄弟姐妹7人，把他们按从大到小的顺序分别标

上A、B、C、D、E、F、G，则：

　　（1）A有3个妹妹；

　　（2）B有1个哥哥；

　　（3）C是女性，她有2个妹妹；

　　（4）D有2个弟弟；

　　（5）E有2个姐姐；

　　（6）F也是女性，但她和G没有妹妹。

★思索提问★

这兄弟姐妹7个人中，共几个男性几个女性？

●揭开谜底●

A、B、E、G为男性；C、D、F为女性。

真假辩护

有三个犯罪嫌疑人对同一件案件进行辩解，其中有人说谎，有人说真话。警察最后一次问甲："乙在说谎吗？"甲回答说："不，乙没有说谎。"

警察问乙："丙在说谎吗？"乙回答说："是的，丙在说谎。"

警察又问丙："甲在说谎吗？"

★思索提问★

丙会怎么回答呢？

··●揭开谜底 ●··

如果甲说的是真话，那么，乙说的也是真话，因为乙回答："丙在说谎。"所以，是丙在说谎。说谎的丙肯定说谎话："甲在说谎。"如果甲所说的话是谎话，那么乙也在说谎；因为乙回答说："丙在说谎。"所以，丙是诚实的，诚实的丙应该回答："甲在说谎。"可见，无论在哪种情况下丙都会回答："甲在说谎。"

各有所好

教室里，四名学生正在谈论各自的兴趣爱好。一个男生说："卡拉喜欢唱歌。"另一个男生说："我喜欢篮球，但我不是皮特。"一个女生说："咱们之中有一个男生喜欢足球，但不是杰克。"另一个女生说："莎拉喜欢画画，但我不喜欢。"

★思索提问★

他们分别喜欢什么？

··●揭开谜底●··

皮特喜欢足球，杰克喜欢篮球，莎拉喜欢画画，卡拉喜欢唱歌。

住外婆家

暑假的时候，玛丽去外婆家过了几天。玛丽过得很愉快，只是这几天的天气时晴时雨，根据玛丽的记录，总结起来是这样的：

（1）上午或下午下雨的情况共有7次；

（2）凡是下午下雨的那天上午都是晴天；

（3）共有5个下午是晴天；

（4）共有6个上午是晴天。

★思索提问★

玛丽在外婆家一共住了几天？

••●揭开谜底●••

可以先根据情况判断出下午下雨的次数是4次，上午下雨的次数是3次；而下午下雨的那天上午都是晴天，因此有两天全天都是晴天。所以，玛丽总共在外婆家住了9天。

站队

有A、B、C、D、E、F六个人，站成一个纵队。而且：

（1）C在E的前面；

（2）A在F的后面；

（3）E不在第五位；

（4）D和A之间隔着两个人；

（5）B在E的后面，且紧挨着E。

★思索提问★

站在第四位的是谁？

149

·●揭开谜底●·

如果F排在E后面的话，那顺序就是CEBFA，这样（4）（5）的情况就无法同时满足，所以F肯定是在E的前面，这样BCEF四个人的顺序是CFEB或者FCEB；因为E不是第五个，所以A和D不能都在E前面，两人也不能都在B的后面，所以六个人的顺序是CFAEBD或者FCDEBA。无论哪种组合，站在第四位的都是E。

判断国籍

洛杉矶大学有很多来自其他国家的留学生。劳拉、苏菲和凯丝是三名刚来到美国留学的外国留学生。她们一个是法国人，一个是日本人，一个是美国人。开学后没多久，同学们就发现：

（1）劳拉不喜欢吃汉堡，凯丝不喜欢吃牛排；

（2）喜欢汉堡的不是法国人；

（3）喜欢牛排的是日本人；

（4）苏菲不是美国人。

★思索提问★

这三名外国留学生分别来自哪个国家？

·●揭开谜底●·

劳拉不喜欢汉堡，那么喜欢汉堡的只有凯丝和苏菲；喜欢汉堡的不是法国人，那么凯丝和苏菲就只能是日本人和美国人了；苏菲不是美国人，因此苏菲只能是日本人，凯丝就是美国人了。所以，劳拉是法国人，苏菲是日本人，凯丝是美国人。

骑马受伤者

凯恩、法姆、戈登、大卫和娜娜都非常喜欢骑马。一天，他们五个人结伴到马场骑马。不幸的是，他们当中的一个人从马上摔下来受了伤。我们知道如下一些情况：

A.凯恩是单身汉；

B.受伤者的妻子是大卫妻子的妹妹；

C.娜娜的女儿前儿大生病住院了；

D.法姆目睹了整个事故发生的过程，决定以后再也不骑马了；

E.大卫的妻子没有外甥女，也没有侄女。

★思索提问★

谁是受伤者？

●揭开谜底●

A和B提供的信息表明凯恩是单身、受伤者是有妻子的，所以凯恩没有受伤。根据D，法姆目睹了整个事故发生的经过，他还决定以后不再骑马了，所以法姆没有受伤。根据B，大卫的妻子不是受

伤者的妻子，所以受伤者不是大卫。根据B、C、E，大卫的妻子是
受伤者的妻子的姐姐，而她没有外甥女，也没有侄女，说明受伤者
没有女儿，而娜娜有女儿，因此受伤者也不是娜娜。所以，戈登就
是那位不幸的受伤者。

有趣的聊天

来自英国、法国、日本和德国的甲、乙、丙、丁四人，来中国
旅游。他们刚好住在同一家宾馆。早上吃饭的时候，四个人刚好坐
在同一张桌子上。四个人都很健谈。他们除了会说一口流利的本国
话，每人还会说其他三国语言中的一种。结果他们居然开心地聊了
起来。有一种语言是三个人都会说的，但没有一种语言人人都懂。
同时还知道：

（1）甲是日本人，丁不会说日语，但他俩都能自由交谈；

（2）四个人中，没有一个人既能用日语交谈，又能用法语交谈；

（3）乙、丙、丁交谈时，找不到共同语言沟通；

（4）乙不会说英语，当甲与丙交谈时，他可以做翻译。

★思索提问★

他们四人都会说哪种语言？

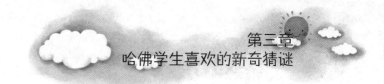
·•●揭开谜底●•··

甲会说日语和德语，乙会说法语和德语，丙会说英语和法语，丁会说英语和德语。

总裁被害

美林顿公司的总裁布朗被害了。警方迅速控制了总裁的三个秘书玛丽、琳达和莉莉，初步判断她们有重大作案嫌疑。

"玛丽不是从犯。""琳达不是主犯。""莉莉参与了这起谋杀案。"这是三人在接受审讯时的供词。

此案告破时，警方发现：这三个秘书，恰好一个是主犯，一个是从犯，另一个是毫不知情者。上面的供词中至少有一句是毫不知情者说的，而且毫不知情者说的是真话。

★思索提问★

谁是主犯，谁是从犯，谁毫不知情？

·•●揭开谜底●•··

如果第一、二句是假话，则玛丽就是从犯，琳达就是主犯，莉莉是毫不知情者，那么第三句就是假话。如果第一、三句是假话，则玛丽就是从犯，而莉莉是毫不知情者，琳达就是主犯了，这样第二句也成为假话。如果第二、三句是假话，则琳达就是主犯，而莉莉是毫不知情者，那么玛丽就是从犯，这样第一句也成为假话。因此，毫不知情者作了两条证词。再进一步推测，如果毫不知情者作了第二和第三这两条供词。既然第二、三句是真的，那么第一句就是假的，可知玛丽是从犯，与前面的结论相矛盾，因此这是不可能的。以此类推下去，可以知道玛丽是主犯，琳达是从犯，莉莉是毫不知情者。

松鼠的性别

森林里一棵大树的树洞里住着一窝松鼠，它们是一家，一共有10只。公鼠遇到陌生动物时总说假话，而母鼠总说真话。

这天，一只斑鸠落在了这窝松鼠的家门口。斑鸠很爱说话，看到这些松鼠并问道："你们家一共有多少只公鼠啊？"

第一只松鼠说："只有1只公鼠。"

第二只松鼠说："有2只公鼠。"

第三只松鼠说："有3只公鼠。"

第四只松鼠说："有4只公鼠。"

第五只松鼠说："有5只公鼠。"

第六只松鼠说："有6只公鼠。"

第七只松鼠说："有7只公鼠。"

第八只松鼠说："有8只公鼠。"

第九只松鼠说："有9只公鼠。"

第十只松鼠说："有10只公鼠。"

★思索提问★

这窝松鼠中到底有几只公鼠呢?

··●揭开谜底●··

假设第一只松鼠是公鼠，则它回答的那句"只有1只公鼠"为假，那就肯定不止1只公鼠；如果第一只松鼠是母鼠，回答为真，那么有9只母鼠，这样其余的9只母鼠回答都应真，这样每一只的回答显然产生冲突。因此，第一只松鼠应是公鼠。依此类推，最后可得出：一共有9只公鼠、1只母鼠，且第九只是母鼠。

汤姆的抉择

汤姆是一个聪明的小伙子。一天，他开车回家，路上突然下起暴雨来。在路过一个公交车站的时候，他看到两个似乎熟悉的身影。他停下车，靠在路边，终于看清楚了那两个人：一个是曾救过他命的约翰医生，一个是他一直想追求的芭芭拉小姐。汤姆迅速撑开一把伞走到他们身边，打过招呼，就说要开车送他们回家。但是，约翰医生却指着旁边一个人说："这个人心脏病犯了，必须马上送到医院救治。我刚刚打了急救电话，但是，车还没有来。如果再等下去，他的生命就有危险了。"

汤姆知道，最近的医院和芭芭拉小姐的家正好在相反方向。芭芭拉小姐没有带雨伞，雨很大，又比较冷，她现在一定最想马上回到家里。但是，治病救人是医生的天职。再说，芭芭拉小姐也不可能爱上一个没有爱心的人。汤姆很快就想到了一个两全其美的办法。

★思索提问★

汤姆是怎么做的？

·●揭开谜底●·

汤姆把车交给约翰医生，让他开车送病人去医院急救，自己则留下来陪芭芭拉小姐等公交车并送她到家。

伪造的凶杀现场

某天晚上，由于天气突变，沿海某市受到了台风和暴雨的袭击。

第二天早晨，一具男尸被发现于该市的某一公园内，浑身湿淋淋的，并趴在地上。另外，在死者旁边还有一顶死者的帽子。现场并没有留下任何其他的痕迹，根本没有找到任何一个目击证人。最后经法医断定，死者死亡已多达20小时。负责此次案件的警官断定，这是个伪造的凶杀现场，真正的凶杀现场并不在这里，因为死者是被人从其他地方搬运来的。

★思索提问★

那么，这位警官是根据什么下此结论的呢？

●揭开谜底●

其实，这个案件的破绽就是那顶帽子。由于在死者被发现的前一天晚上，有台风刮过，因此，死者的帽子根本不可能遗留在现场。

55

凶手的骗术

某天清晨，一具尸体被发现于一堵围墙外的大树下。警方在接到报案后，立刻前往现场。在现场警方发现：死者赤着脚，脚底板有几条从脚趾到脚跟的纵向伤痕，伤痕处带有血迹，且旁边有一双拖鞋。

"死者是想爬树翻入围墙，但由于不小心摔死了，他极有可能是想行窃。"一名警察说。老练的警长却说："不，这个人根本不是从树上摔下来的，而是被人谋杀后放在这里的，凶手这样做，是为了制造一个被害者不慎摔死的假象。这只不过是凶手的一个骗术而已。"

★ 思索提问 ★

警长为这样说的理由是什么呢？

●●揭开谜底●●

因为死者脚底板上有几条从脚趾到脚跟的纵向伤痕，如果他只是爬树时从树上摔下来的，那么他的脚底板上不可能有纵向伤痕。因为人在爬树的时候，要用双脚夹住树，如果脚底受伤，伤痕也只能是横向的。因此受害者死于他杀。

一条假项链

一天早上，狐狸大婶的首饰店里来了一个鬼鬼祟祟的人。他走进首饰店之后，东看看，西瞧瞧，逗留了一会儿就走了。

中午，狐狸大婶在清点货物时，突然发现多了一条项链，由原来的8条变成了现在的9条，而且旁边多了一张纸条，上面写了这样一行字：这些项链当中，有一条是假的，它比其余的项链都轻，你必须在一个没有砝码的天平上称两次，并且把假项链挑出来，否则的话，你就别想开这个店了。狐狸大婶看着这些字，思索片刻，就有了主意。她按照纸条上的要求，很快就把那条假项链挑了出来。

★ 思索提问 ★

你知道狐狸大婶是如何做到的呢？

··● 揭开谜底 ●··

原来，狐狸大婶先把所有的项链分为1、2、3三个组，每组3条。第一次：先称1和2两个组，如果天平是平衡的话，那么假项链肯定就在第3组；如果不平衡，那么假项链肯定就在较轻的一组。第二次：把有假项链的那组放两条在天平上，如果是平衡的，假的就是没有称的那条，如果不是平衡的，那么轻的就是假项链。

相同的气球

有一天，有两个小伙伴大卫和迈克在一起玩耍。他们在两个相同的盆子里装了等量的凉水，然后又把两个相同且装满水的气球分别放进两个盆子中。可是，气球却一个沉在水里，一个浮在水面。这让两个小家伙的脸上充满了疑惑的表情。

★ 思索提问 ★

你知道这究竟是为什么吗？

●··●揭开谜底●··●

因为两个气球一个装的是热水，一个装的是冷水。装热水的气球温度高，密度就会变小，所以它就变得比装冷水的气球轻，自然会浮在水面。

58
一杯威士忌

杰夫和马可是同父异母的兄弟，最近因为财产的继承问题闹得不可开交。

一天晚上，弟弟马可来到哥哥杰夫经营的酒吧里，好像还是为了解决遗产的问题来的。当马可刚进到酒吧里不久，杰夫就为马可调了一杯加冰块的威士忌。但马可怕被杰夫毒杀，根本不敢喝。

"弟弟，我好意请你喝酒，你却怀疑哥哥下毒？既然你怀疑，那么哥哥先喝。"

杰夫说完，随即喝了半杯，然后说："这下你可以放心了吧！"

于是，弟弟马可也不便拒绝了，慢慢地喝着剩下的半杯酒。但是，马可刚喝完，就倒地而死。

等到侦探赶到现场，在勘查完现场、问明具体情况后，很快就判断出是杰夫在酒中下毒谋杀马可的。但是，现场的许多工作人员和客人却证明，杰夫确实喝了马可杯中的半杯酒。听到侦探的结论，他们都感到十分惊讶。

★ 思索提问 ★

你知道侦探是如何进行分析的吗？

·•● 揭开谜底 ●•·

原来，杰夫将毒包在冰块里，当杰夫喝那杯酒时，冰块还未融化，所以毒液还未渗透到酒中，当马可慢慢喝完酒时，毒已混在酒液里了。

59

谁是真凶

一天，某名男子在杀人之后逃之夭夭。警察赶到现场后，根据目击者提供的情况，在一家宾馆里发现了这名犯罪嫌疑人。可这名犯罪嫌疑人说自己一直在这儿看电视，根本就没有离开过宾馆。宾馆经理和其他工作人员以及住宿的客人也证实了他的说法。可目击者却一致确认，从相貌和衣着上看，这名男子就是那个作案者。后来，警察比对了凶手留下的指纹，发现这名男子的指纹与凶手的指纹明显不符。

一名警官忽然明白了什么，他赶紧和另外一名警察去查这名犯罪嫌疑人的户口簿。果真如此，根据这个线索，很顺利就把凶手抓到了，并且证明真凶不是宾馆里的这名男子。

★ 思索提问 ★

请你仔细想一想警探是如何找到真凶的呢?

•●○ 揭开谜底 ●•

警察猜想,这个犯罪嫌疑人很可能有一个孪生兄弟,找户口簿一看,果真如此。因此,他们很快将真凶抓获了。

不同颜色的帽子

在动物王国的一次生日派对上,大家都准备了许多有趣的节目。其间又有一个新的节目开始了,那就是猜帽子的颜色,是由猴子妈妈的三个孩子表演的。三顶红帽子和两顶黑帽子已经准备好了,只见在前面扮演小丑的大毛、二毛、三毛排成一列,大毛后面站着二毛,二毛后面站着三毛。

大象伯伯给他们头上各戴上一顶帽子,剩下的帽子被藏了起来。他们可以看到前面的人帽子的颜色,但看不到自己的。

"三毛,你的帽子是什么颜色?"小松鼠问。

"不知道。"三毛回答道。

"二毛呢?"小梅花鹿问。

"我也不知道。"二毛回答道

这时候,谁的帽子都看不到的大毛却说:"啊!我知道了。"

★**思索提问**★

请问小猴子大毛的帽子是什么颜色呢?

·••● **揭开谜底** ●••·

红色。假设大毛和二毛的帽子都是黑色的,而会场上只有两顶黑帽子,那么三毛应该立刻回答自己的帽子是红色的。所以,大毛和二毛戴的帽子有两种可能:①一顶黑色和一顶红色;②两顶都是红色。二毛看得到大毛的帽子,如果大毛戴的是黑色的话,便符合①的状况,那么二毛应该可以答出自己的帽子是红色的才对。他之所以答不出来的原因,相信你也已经猜到了吧,那就是因为大毛的帽子是红色的。

弹头为何不见了

一天晚上,一声枪响之后,一名富翁死在了别墅的花园里。警方接到报警之后,火速赶往现场,经过周密细致的现场勘查,警方发现这名富翁的胸口有一处伤痕,是被子弹射中造成的。之后,法医对死者进行了解剖,发现子弹击中了心脏,伤口有10厘米深。但奇怪的是,弹头却不见了。

此后,经过警方的努力侦查,发现凶手是一名职业杀手。这名杀手为了不留下任何杀人线索,采用了一种特制弹头,这种子弹头射进人体后会自动消失,而不容易被警方发现。

★ 思索提问 ★

你知道这种特制的弹头是用什么做的吗？

••● 揭开谜底 ●••

原来，这名职业杀手利用与死者同血型号的血液，经过快速冷冻，变成固体做成弹头。这种弹头射入人体后，会受体温影响而解冻融化成血液，弹头自然就消失了。

选择占卜师

皮特最近运气很差，他决定去找个占卜师占卜一下。这天，他同时碰到两个占卜师。A占卜师说："我的准确率有60%。"B占卜师说："我的准确率只有20%。"

★ 思索提问 ★

知道皮特最后让哪个占卜师占卜吗？

••● 揭开谜底 ●••

让B占卜师占卜，因为如果把B占卜师的话反听，那么准确率就会达到80%，超过A占卜师的准确率。

奇妙的加法

有一天，放学回家后，玛丽在做一道这样的题：把1、2、3、4、5、6、7这七个数字按顺序写出来，然后在不改变数字顺序的情况下，添几个加号，在哪里添加，才能使这几个数字相加的和为100呢？

玛丽一直思考着这道题，在草稿纸上反复地算着，草稿纸都用了好几张了，却怎么也不能做不到使它们的和为100。这个时候，玛丽的哥哥也放学回家了，当他看到玛丽那眉头紧锁的样子时，就知道玛丽一定是被某个问题难住了。于是，便朝玛丽走了过来。只见他看完题之后，稍微思索了片刻，便很快就将题给解出来了。

★思索提问★

你知道玛丽的哥哥是怎么解出这道题的吗？

··●揭开谜底●··

玛丽的哥哥在这七个数字间只添加了四个加号就轻松地解出了这道题，即：1+2+34+56+7=100。

硬币哪里去了

有一天，迪姆坐在书桌前做作业，休息期间，他把倒满水的玻璃杯压在了一枚硬币上，之后再将一本小书盖在杯子上面。突然间，迪姆瞪大了眼睛，一件奇怪的事情发生了——那枚硬币看不见了。

★ 思索提问 ★

这究竟是怎么回事呢?

·●揭开谜底 ●··

原来，光线从物体上反射到我们眼睛里，我们才能看到这个物体。迪姆遇到的情况，事实上硬币并没有消失，只是小书挡住了光线的传播。光线从一个透明物体进入另一个透明物体时会发生折射，这就将硬币所成图像的位置往上移了，这和我们平时看到游泳池的底部比实际情况要浅的情况是一样的道理。

第四章

哈佛学生喜欢的机智猜谜

做一个有智慧的猎人

从前，一个森林里住着一位猎人和他的三个儿子。在他们还小的时候，猎人就开始教他们打猎的本领。后来，三个儿子都长大成人，他们的打猎技术也越来越高超。

有一天，猎人对三个儿子说："你们的打猎技术已经很高了，我很高兴。但是，你们要想在这片森林里很好地生存，只会打猎是不行的，还必须有足够的智谋。你们跟我来。"

猎人把三个儿子带到一片开阔地。距他们百步之外竖着一根木桩，木桩上放着一盘苹果。猎人说："前面的盘子里有三个苹果。你们站在这里，用弓箭把它们全部射下来。但是，用的箭越少越好。"

论射箭，三个儿子的技术不分上下。他们都可以百步穿杨。但是，现在父亲要他们用最少的箭，他们有些为难了。

老大没有多加思考，用三支箭精准地将盘子里的三支苹果射落到地上。猎人只夸他射得准，随后从苹果树上摘下三只苹果重新放到盘子里。

老二只用了两支箭就将盘里的苹果全部射到地上。猎人点了点头。又摘了三只苹果放到盘子里。

老三说："父亲，我只需要一支箭。"老大和老二都不相信。结果，老三一箭就将盘子里的苹果都射落到地上。猎人终于露出了笑容。

★思索提问★

老三是怎么射的呢?

┅●揭开谜底●┅

老三对准盘子，把盘子射翻在地，盘中的苹果自然也掉地上了。

比个子

甲、乙、丙、丁四个好朋友在一起聊天。其间，他们谈到了身高的问题。

甲说："我在咱们四个人中肯定是最高的。"

乙说："我不可能是最矮的。"

丙说："我虽然不比甲高，但我也不会是最矮的一个。"

丁说："那恐怕我是最矮的了。"

随后，他们进行了测量。结果发现只有一人说错了。

★思索提问★

他们四人究竟谁高谁矮?

•·●揭开谜底 ●·•

　　丁不可能说错，否则没有人最矮；既然丁说的是对的，那么乙也是对的；甲不可能说对，因为如果甲说的对，则丙也该对。于是最高者非乙莫属。由于甲说的话是错的，那么丙所说的便是对的。所以：乙最高，甲第二，丙第三，丁最矮。

最晚的室友

　　纽约某大学一个宿舍的四个室友共同规定：谁回来最晚谁关灯。有一天，回来最晚的人竟然忘记关灯了。第二天，宿舍的管理员找到他们问谁回来最晚。

　　杰克说："我回来时，怀特刚要睡。"

　　保罗说："我回来时，汤姆已经睡着了。"

　　怀特说："我回来时，保罗正要上床睡觉。"

　　汤姆说："我一回寝室就上床睡了，所以什么也不知道。"

　　事实上，四个人说的都是实话。

★思索提问★

昨晚究竟谁最后一个回宿舍的？

·•● 揭开谜底 ●•·

杰克的话说明杰克比怀特回得晚，保罗的话说明保罗比汤姆回得晚，怀特的话说明怀特比保罗回得晚。所以，杰克是最后一个回到宿舍的。

抛币吃梨

西蒙是家里的老大，他还有一个妹妹叫玛丽，一个弟弟叫皮特。一天，妈妈对西蒙说："一会儿我要外出。家里还有四个梨。你和弟弟、妹妹一人一个。我不在家的时候，你不要欺负他们，知道吗？"西蒙答应了。

等妈妈走后，西蒙给弟弟、妹妹和自己一人洗了一个梨。皮特吃完后，还想吃那最后一个梨。西蒙不让，弟弟就哭了起来。于是，西蒙说："要不我们抛硬币决定谁吃这最后一个梨吧。我拿出两个硬币同时抛，如果都是正面，梨就给皮特吃；如果都是背面，梨就给玛丽吃；如果一正一反，梨就让我吃。好吗？"皮特和玛丽都高兴地同意了。

★ 思索提问 ★

这样公平吗？

···● 揭开谜底 ●···

不公平。因为两面都为正或两面都为反的概率都是1/4，而一个正面一个反面的概率为1／2。所以，哥哥西蒙占了便宜。

藏鞋

一名登山者爱好者独自去攀爬一座高山。在山下，他换上新买的一双非常贵的登山鞋，可没走两步，感觉鞋大了些。这样登山是比较危险的。于是他不得不又换上一双旧的登山鞋。为减轻负担，他决定把鞋放在山下藏着。但他还是担心有人发现他的新登山鞋并捡了去。思考了一会儿，他想出一个办法，至少可以降低鞋被人捡走的概率。

★ 思索提问 ★

他是如何做的？

···● 揭开谜底 ●···

他把新鞋藏在两个不同的地方。即使有人发现其中的一只，如果找不到另一只，他也会觉得没什么用。

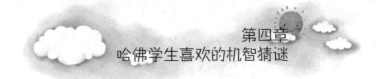

6 跨国审讯

警察对三个犯罪嫌疑人进行同时审讯。他对A说："我最后问你一遍，究竟是不是你抢了那个女人的金项链？"

A叽哩咕噜地说了一大堆，而且显得很激动。警察听不懂，看来他真是个外国人。警察又转向另外两个犯罪嫌疑人，问道："你们听懂他刚才在说什么吗？"

B说："警察先生，他好像在为自己辩护，说他没有抢劫。"

"不对，警察先生，他分明是已经招供了，他说就是他抢的项链，而且他还表示说他很后悔。"C立刻说道。

★思索提问★

谁才是真正的罪犯？

●揭开谜底●

C是抢劫犯。无论A是不是抢劫犯，他肯定是不会自己承认的，那么，B说的是实话。C为了嫁祸于A说了谎。

7 夫妻赛舞

有三对夫妻参加男女双人舞比赛：三位丈夫穿的西装分别是红色、白色和黑色，三位妻子的套裙也是这三种颜色，但每一对夫妻的着装都不同色。结果，其中的两对夫妻获得了并列第一名，这之中一位丈夫穿的是红色西服，另一对中的一位妻子穿的是黑色套裙。

★思索提问★

穿黑色西装的那位丈夫的妻子穿的套裙是什么颜色的？

··●揭开谜底●··

在获得并列第一名的两对夫妻中，一位丈夫穿红色，那么他妻子就不是穿红色，而且也不是穿黑色（因为另一对中的妻子穿的是黑色），因而只会是白色。同样道理，穿黑色套裙的那位妻子，她的丈夫穿的既非黑色，也非红色，只能是白色。所以，剩下的那对夫妻，丈夫穿黑色西装，妻子穿的是红色套装。

幽默大师遇强盗

卓别林是家喻户晓的幽默大师。有一次，他下班很晚才回家，手里抱着一包东西，匆忙地走在昏暗的街道中。突然，前方跳出来一个大汉挡住了他的去路。卓别林明白，他一定是遇到强盗了。强盗很强壮，而且道路很狭窄，如果硬闯，他肯定会有生命危险，只能想办法对付。

强盗掏出一把左轮手枪，对准卓别林说："快把你手中的东西和身上的财物丢给我，否则我就打死你。"

卓别林说："我只是一个帮老板送货的伙计，身上没有一分钱。要不，我把这东西给你吧。"

强盗并不认识卓别林。他看了卓别林一会儿，觉得不像是说假话，于是说："好吧，你把手中的东西留下，我可以放你走。"

卓别林当然也不愿将手中的东西丢给强盗。于是，他把东西放在地上，又对强盗说："可是如果我就这样把东西给你，老板知道了一定会开除我的。要不这样吧，你在我的帽子上打两枪，回去我就跟老板说有人把东西抢去了。这样，我也好有个交代。"

强盗同意了。于是，卓别林把帽子摘下来，让强盗开枪打了两个洞。卓别林戴上帽子，接着又说："为了做得逼真点，你再往我的衣服上开两枪吧。"强盗没多想，拿枪在卓别林的衣服上打了两枪。卓别林抖了抖破了的衣服，说："这下更像了。不过，我的老板是一个非常小心的人，他不会轻易相信人的。我又是刚刚去他那儿上班。为了让他彻底相信我，求求你再往我的裤子上开两枪吧。"强盗有些不耐烦，不过为了尽快得到东西，他还是照做了。

这下，卓别林捡起自己的东西，快速地溜掉了。

★思索提问★

为什么这时卓别林敢跑了呢？

·•● 揭开谜底 ●•·

一般左轮手枪里最多只能装6发子弹。卓别林已经把强盗的手枪里的子弹浪费光了。即使强盗还有子弹，那也得花一点时间装上。卓别林就是趁这个机会安全地逃脱了。

9 猜纸币

贝利和迈克做游戏。贝利让迈克把眼睛闭起来。然后，贝利在迈克面前放了三张纸币。贝利对迈克说："你面前现在有三种纸币，加起来总共是80元。从左到右，分别不是10元、20元和50元。"

★思索提问★

贝利放在迈克面前的纸币各是多少面值的呢？

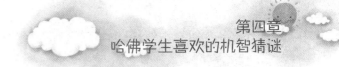

•●揭开谜底 ●•·

当然是10元、20元、50元的纸币了。因为贝利说"从左到右，分别不是10元、20元和50元"，那么从左到右，有可能分别是20元、50元和10元等其他排列方式。

篮球战绩

某校初三年级共有五个班。为了缓解学习压力，年级决定组织一次篮球循环赛，即每两个班级都要打一场比赛。最终的结果如下：

一班：2胜2败；

二班：0胜4败；

三班：1胜3败；

四班：4胜0败。

★ 思索提问 ★

五班的战绩如何？

·•●揭开谜底 ●•··

每两个班级比赛一场，五个班级，总共需要比赛10场，即有10场胜者10场败者。前面四个班级共产生了7次胜者和9次败者，那么五班肯定是3胜1败。

没有时间

肖恩的学习成绩一直不太好。父母总是逼着他努力地学，但效果都不大。这天，妈妈又埋怨肖恩数学成绩考得差。肖恩实在忍不住了，和妈妈算一笔账说："你知道吗，我的时间太紧张了，以至于我根本没有多少学习时间。你看，我每天要睡觉8个小时，这样一年光睡觉就占了将近122天。每星期休息2天，那么一年又要休息大约104天。寒假和暑假加起来又有60天。我每天吃饭要花3个小时，那么一年就需要将近46天。还有我每天从学校到家走路共需要2个小时，一年就得30天左右。你看看，这些加起来就有362天了。我一年只有3天的时间学习，怎么会有好成绩呢？"

★思索提问★

肖恩说得对吗？

··●揭开谜底●··

当然不对。他重复计算了很多时间。

小强的哥哥

小强的哥哥有四个好朋友，他们五个人中要么是司机，要么是教师，而且有三个人的年龄小于25岁，两个人的年龄大于25岁。

（1）五个人中有两个人是司机，有三个人是教师；

（2）甲和丙是同一年出生的，丁和戊的平均年龄正好是25岁；

（3）乙和戊的职业相同，丙和丁的职业不同；

（4）小强的哥哥是一位年龄大于25岁的司机。

★思索提问★

哪个是小强的哥哥？

··●揭开谜底●··

丁是小强的哥哥。

急救电话

半夜，120急救中心的电话铃急切地响了起来。接线员汤姆迅速接起电话，一个老妇人微弱的声音传了进来："喂……我心脏病……犯……犯了，快来……救我。"

"您好，您能告诉我您现在的具体地址吗？"汤姆问道。

"不……知道，这是……我儿子家，我……刚来，不……"对方的声音更加微弱。

"那您身边有人吗？"汤姆焦急地问。

"没有，他们……都没在家。"电话中的人已经奄奄一息。

正当汤姆觉得快要无能为力的时候，他突然从电话中听到了汽车的喇叭声，于是问道："女士，刚才是汽车的喇叭声吗？"

"是……家……靠马路，你们……快来啊。"老妇人说完这句话后便再无声息，电话中只能听到她凝重的喘气声。

汤姆急中生智，想出了一个好办法，最后成功地找到了老妇人。

★ 思索提问 ★

他想的是什么办法？

·●揭开谜底 ●·

首先，通过电话号码可以确定老妇人的大致区域。因为她住在马路边，于是医院派出好几辆救护车在这个区域的街道上行驶，并开着警笛。这样，当汤姆在电话里能听到警笛声时，就说明那个老妇人就在附近。

弄巧成拙

一天晚上，杰瑞刚要睡觉，突然接到他姐姐玛丽的电话，说是有急事，让杰瑞赶紧到姐姐家。杰瑞于是打的赶到了姐姐家。玛丽看到弟弟来了，竟然大哭起来。情绪稍稍稳定些后，玛丽向弟弟道出实情。

原来，今晚玛丽有个朋友丽娜要在她家过夜。睡觉前，丽娜说要洗个澡。玛丽本来要等丽娜的。可是不一会儿，她就困了并睡着了。等玛丽醒来，发现丽娜还没有上床，于是去浴室看了一眼。这一看，把玛丽吓坏了。丽娜倒在浴缸里，一动不动。水龙头的水还在哗哗地流着。玛丽摸了一下丽娜的鼻子：她已经没了气息。

"这可怎么办呢？警察肯定会认为是我杀了她，可我根本就不知道是怎么回事。这要传出去，我以后可怎么做人啊。"玛丽一边说，一边哭。

杰瑞看姐姐哭得这么伤心，觉得报案也不太好。他脑子一转，对姐姐说："我有个办法，一定可以让她的死跟你脱离关系。"

玛丽吃惊地看着弟弟："什么办法？你快说啊！"

"我趁现在天还没亮，把她弄回她自己家去，然后制造一个她在自家洗澡猝死的假象不就可以了。"

玛丽觉得这个办法不错，于是把丽娜家的地址告诉了杰瑞。

他们姐弟俩给丽娜穿好衣服。杰瑞背起丽娜并拿上她的包就往丽娜家走。可是，路确实有点远。等杰瑞把丽娜背到家时，天已经亮了。杰瑞也没敢多休息，迅速制造了一个假现场就悄悄离开了。

玛丽不放心，打电话问弟弟办好了没有。杰瑞说："放心吧姐，做得和在你家一样，水龙头的水还流着呢，警察一定不会怀疑到你的。"

但是，下午，就有人发现丽娜死在家中并报了案。警察查看了现场，很快就判断出那不是第一现场。

★思索提问★

杰瑞的哪点疏忽引起了警察的怀疑呢？

·•●揭开谜底●•·

法医鉴定出丽娜死于昨晚，而丽娜家中的灯却都是关着的。因为杰瑞把丽娜背到家已经天亮了，所以他就忘了开灯。

金铃盗窃案

星期天晚上，一家乐器行被盗。盗贼打开了门锁，进入店里，撬开了三个钱柜，拿走了全部现金，还将镇店之宝——一只金铃偷走了。

警方对现场进行了仔细勘查，初步断定盗窃犯是对乐器行非常熟悉的人。最后，把怀疑的焦点集中在汉森、海姆和托德这三个乐器行的年轻学徒身上。

三个学徒被带到警官查尔斯面前。查尔斯看了他们一眼，笑着对他们说："不要担心。请你们来，就是想请你们和我合作，帮我查出盗窃犯。现在请你们先想象一下：假设你们去偷乐器行的东西，你们会如何进入商店，最想偷些什么东西，成功后又采取什么措施来掩盖事实。想好后，把这些写下来。30分钟后，我来收。"

30分钟后，三人都写好了。查尔斯一一看他们各自写的。

汉森写道："我没有钥匙。也许，我会砸碎橱窗玻璃进去。我最喜欢的是小提琴。也许我会拿一把小提琴走。至于如何掩盖这些，我想是掩盖不住的，只能听天由命了。"

海姆写道："为了不发出过大的响声，我会用玻璃刀划开橱窗，然后进入店里。之前我会配几把钱柜的钥匙，而且也不会将里面的钱拿光，这样就能避免怀疑。我会再找一件值钱的东西偷走，而且要尽快把它卖掉。"

托德写道："我实在不知道我为什么要偷店里的东西。老板对我很好。我在这里工作很快乐。我喜欢店里的每一样乐器。也许有一天，我会买一支长笛。"

查尔斯警官看完，指着其中一个学徒说："小家伙，告诉我，你为什么要干这种坏事？"

★思索提问★

查尔斯指着谁？

●·●揭开谜底 ●·●

　　海姆。从他们写的可以看出，汉森和托德根本没有犯罪动机，而海姆分明在掩盖自己的罪行。

占卜师之死

　　一天早晨，有人发现单身生活的占卜师克莱尔死在自己的公寓里。他是被人用匕首刺中后背致死的。

　　警方推测遇害时间是昨晚 9 点左右。克莱尔最喜欢用扑克给人占卜。看来，他是在占卜时遭受突然袭击的。尸体旁散乱着一副扑克，左手上还攥着一张黑桃Q。

　　"为什么死时攥着一张黑桃Q呢？"巴菲尔警员问道。

　　"肯定是死者想留下什么线索。"维克多警官说。

　　"那么跟季节有关？四种花色分别代表四个季节。"巴菲尔继续说道。

　　"我也不太确定，再找找其他线索吧，但一定不要放过这个线索。"维克多警官道。

　　不久，他们抓获了三个犯罪嫌疑人。因为那一晚，他们都有作案时间。一个是最近运气不佳的橄榄球运动员，一个是宠物医院的女院长，一个是大货车司机。

★思索提问★

谁是杀害占卜师的真凶？

·•●揭开谜底●•·

扑克牌的设置是很有奥妙的。里面的Q分别代表四位女性，黑桃Q是古希腊神话中的智慧和战争女神帕拉斯·阿西纳；红桃Q是朱迪斯，是查尔斯一世沙勒的妻子；方块Q是雷切尔皇后，是《圣经旧约》中约瑟夫的妹妹；梅花Q是阿金尼，她手持一束蔷薇花，代表英国以红、白两色蔷薇花的王族标志。这之中，只有黑桃Q手持武器。所以，占卜师是想暗示宠物医院的女院长杀害了他。

侦察兵考试

某部队侦察连需要在新兵中招一名侦察兵。很多新兵过来报名。侦察连把考场安排在一间条件很好的房间里，每天有人按时送水送饭，门口有专人看守。如果谁最先通过非暴力手段从房间里出去，谁将被录取。

有人说头疼要去医院，看守请来了医生。有的说母亲病重，要回去照顾，看守用电话联系其母亲，其母亲说身体很好，请儿子放心。无论新兵怎么骗看守，看守总能识破他们的诡计。

最后，有一个新兵对看守说了一句话，结果，看守放他走了。

★ 思索提问 ★

这个新兵说了一句什么话？

●·● 揭开谜底 ●·●

新兵说："我不考了。"看守以为他真的放弃选拔了，所以放他走了。

18 枪击案件

美国纽约市发生了一起枪杀案，共有六人与该案有关，他们分别是：证人、警察、法官、凶手、死者以及执行任务的法警。死者被凶手用枪击中，当场身亡。证人虽然听到死者生前与凶手发生口角，继而听到枪声，但并未目睹；等他赶到现场，凶手已经逃走。后来侦破此案，捉住凶手，并判处其死刑。

六个人中，有杜尔、法布雷、韦德、庞克、格林、查理，而且知道：

1.格林不认识凶手和死者；

2.在法庭上，法官曾向韦德问过关于本案的经过；

3.查理最后见到杜尔死去；

4.警察说他看到法布雷离开案发地点并不远；

5.庞克和查理彼此从没见过面。

★思索提问★

与此案有关的这六个人名字的对应身份。

▪•● 揭开谜底 ●•▪

死者——庞克，法警——查理，凶手——杜尔，证人——法布雷，警察——韦德，法官——格林。

国际间谍

在一列国际列车的12号车厢内，有A、B、C、D四个不同国籍的旅客，两两相对而坐，其中两人靠窗坐，另两人靠过道坐。他们穿着不同颜色的大衣，穿蓝色大衣的人是一个国际间谍，同时：

1.英国旅客坐在B先生的左侧；

2.A先生穿着一件褐色大衣；

3.穿黑色大衣的人坐在德国旅客的右侧；

4.D先生的对面坐着美国旅客；

5.俄国旅客穿的是灰色大衣；

6.英国旅客把头转向左边，望向窗外。

★ 思索提问 ★

谁是身穿蓝色大衣的国际间谍?

●● 揭开谜底 ●●

由条件1和6可知，英国旅客坐在B先生的左侧，窗子在英国旅客的左边，所以英国旅客坐在靠窗的一边，而B先生挨着过道。从条件3知"穿黑色大衣的人坐在德国旅客的右侧"，可判断出德国旅客坐在B先生对面靠过道的一边；穿黑色大衣的旅客坐在英国旅客对面，也是靠窗坐的。条件4明确指出："D先生的对面坐着美国旅客。"由于4人中英、德两国籍的旅客的位置已确定，所以他俩对面的旅客绝不可能是D先生，D先生只可能是德国和英国旅客两者中的一个。假定德国旅客是D先生，那么根据条件4，B先生便是美国人，于是坐在D先生旁边的穿黑色大衣的便是俄国旅客，这显然与条件5"俄国旅客穿的是灰色大衣"相矛盾，所以假设不成立；D先生绝不是德国旅客，而是英国旅客。既然英国旅客对面坐的是美国旅客，那么他旁边坐的B先生便是俄国旅客，身穿灰色大衣。由条件2知道，A先生穿的是褐色大衣，所以他只能是德国旅客。剩下的是美国旅客就是C先生。综上判断，穿蓝色大衣的国际间谍就是英国旅客D。

舞会

在一个小型舞会上，多米先生看到琼斯小姐一个人坐在一张桌子旁。

总共有19人参加这场舞会。有7人是独自前来的，其余的6对，他们是两两而来的。这6对中，或者已经是夫妻，或者已经订婚了。凡单独前来的女士都未订婚，凡单独前来的男士都不处于订婚阶段。

在参加舞会的男士中，已经结婚的人数等于处于订婚阶段的人数；单独来的尚未订婚的男士的人数等于单独前来的已婚男士的人数。在参加舞会的已经结婚、处于订婚阶段和尚未订婚这三种类型的女士中，琼斯属于人数最多的那种类型。

★思索提问★

琼斯到底属于哪种类型？

··●揭开谜底●··

她处于订婚阶段。

不同的职业

甲、乙、丙、丁四个人住在同一镇上，其中一个是警察，一个是木匠，一个是小商贩，一个是医生。一天，甲的儿子摔断了腿，于是甲带儿子去找医生。医生的妹妹是丙的妻子。小商贩还没有结婚，他家养了很多母鸡。乙经常到小商贩家去买鸡蛋。警察住在丙的隔壁，所以他俩每天都能见面。

★ **思索提问** ★

甲、乙、丙、丁的职业分别是什么？

·····● **揭开谜底** ●·····

因为甲有儿子，证明甲不是警察就是木匠。丙有妻子，证明丙不是警察就是木匠。警察与丙常见面，所以丙为木匠，甲是警察。乙经常到小商贩家，所以乙不是小商贩，乙是医生，丁是小商贩。

买围巾

艾伦到商店去买围巾。挑来挑去，她最后选中了一种款式。

售货员说："这种款式的围巾共有黄、红、白、蓝、粉五种颜色，请问你要哪种颜色的？"艾伦调皮地说："我不像讨厌黄色那样讨厌红色，不像讨厌白色那样讨厌蓝色，也不像喜欢粉色那样喜欢红色。我对蓝色不如对黄色那样喜欢。"售货员听后，很快就给艾伦拿了一条她最喜欢的围巾。

★思索提问★

艾伦最喜欢什么颜色？

··●揭开谜底●··

由艾伦说的可以判断出，艾伦对颜色的喜爱程度由强到弱的顺序为：粉色—红色—黄色—蓝色—白色。可见，艾伦最喜欢粉色。

金砖的归属

靠淘金发家的富翁德蒙，临终前把他的两个儿子霍金和托马斯叫到身边，告诉了他们一个不为人知的金矿。德蒙允许兄弟俩到那里淘金，但前提是他俩永远不把秘密泄露给别人，而且只能去一次。德蒙还和两个儿子签订了如下协议：我的两个儿子——霍金和托马斯，或者他们的随从，只要能将金子背回到我德蒙的家，无论多少，金子都将归背者所有。

第二天，兄弟俩便起程了。他们租了一匹马，驮着工具和食物向金矿进发。半年后，他们几乎把那个金矿里的金子都淘完了。为了携带方便，他们把这些金子铸成了一块长30厘米、宽15厘米、高10厘米的金砖，最终带回到父亲家里。可就在父亲的家里，兄弟俩为金砖的归属权发生了争执。两人谁也不让谁，最后闹到了法院。在法庭上，两个人都坚持说金砖是自己背回来的。法官查看了那块金砖，根据德蒙的遗嘱和那份契约，作出了正确的判决。

★思索提问★

法官把金砖判给谁了？

··●揭开谜底●··

德蒙警告俩兄弟不能将金矿的秘密告诉别人，但是现在，兄弟俩在法庭上把秘密公开了，所以兄弟俩都将失去所有权。金子的密度很大，那样的一块金砖将近87千克。兄弟俩谁也不可能背到家，只可能让马驮着。所以，法官把金砖判给了那匹马。